普华经管
PUHUA BOOK

我们一起解决问题

慢思考，快决策

申先军 —— 著

人民邮电出版社
北京

图书在版编目（CIP）数据

慢思考，快决策 / 申先军著．-- 北京 ： 人民邮电出版社，2024．8．-- ISBN 978-7-115-64579-1

Ⅰ．C934

中国国家版本馆 CIP 数据核字第 202480PE43 号

内容提要

决策与每个人都息息相关，我们每天都会面临着各种各样的选择，本书从世界上著名的成功或失败的决策案例入手，介绍了无法做出明智决策和跌入决策陷阱的原因，以及做出高质量决策的方法。书中还提供了很多决策小练习，帮助读者了解自己的决策习惯和模式，并介绍了很多决策的策略和技巧，帮助读者慢慢习得做出高质量决策的方法，进而提升生活和工作的质量。

本书针对在企业管理中需要做出高质量决策以及每一个在生活中面临大大小小抉择的人。

◆ 著　申先军
责任编辑　黄海娜
责任印制　彭志环

◆人民邮电出版社出版发行　　北京市丰台区成寿寺路 11 号
邮编 100164　　电子邮件 315@ptpress.com.cn
网址 https：//www.ptpress.com.cn
北京建宏印刷有限公司印刷

◆开本：880×1230　1/32
印张：6.5　　2024 年 8 月第 1 版
字数：200 千字　　2025 年 11 月北京第 5 次印刷

定　价：59.80 元

读者服务热线：（010）81055656　印装质量热线：（010）81055316
反盗版热线：（010）81055315

推荐语

决策的质量高低是衡量管理者成功与否的关键指标。作者从生动的案例入手，结合认知神经科学的研究成果，阐述了睿智的决策者如何识别偏见，避免落入决策陷阱，从而创造广开言路的企业文化，达到正确决策并高效执行的目标。每位在《领导者的大脑：神经科学与领导力提升》一书中意犹未尽的读者，都可以在这本书中继续跟随作者一同探索现代管理的核心——决策！

李煜阳

捷普北亚区事业群高级总监

每个人都离不开决策，不管在工作上还是在生活中。然而人类是“会思考的感性动物”，很多时候决策被情感绑架，申博士在本书中从认知神经科学的角度，揭开这背后的原因，并提出“一个中心，四大策略，八种技巧”，帮助人们提升决策质量，这是一本难得的既有系统理论，又有落地方法的好书！

唐卫民博士

睿越咨询创始人，智睿咨询（DDI）首席顾问，

法国里昂商学院全球人力资源和组织创新中心执行副主任

当我看到《慢思考，快决策》这个书名的时候，我被这六个字之间的关系吸引了，品读本书使我了解了诸多决策方法，受益良多。

作者通过大量案例，从认知神经科学的视角，阐述了如何做出高质量的决策。作为企业的管理者，这些方法都是值得尝试的，它可以帮助管理者在做决策的时候多方位地进行思考，打破偏见式思考方式，避免做出糟糕的决策。

本书观点新颖，深入浅出，值得反复阅读。

Kelly Chen

香港奇华饼家副总经理

在当下这个充满脆弱性（Brittleness）、焦虑感（Anxiety）、非线性（Non-Linear）和不可知性（Incomprehensibility）的BANI时代，《慢思考、快决策》是一本令人深思的书。书中通过很多生动的案例和深入的研究，将脑科学和行为科学完美融合，让我们在忙碌的工作中找到决策的平衡点。

在节奏日益加快的职场，无论你是企业高管还是团队成员，根据有限的、不断变化的、按图索骥般层层披露的信息，能够快速做出决策往往非常重要。每个人都如同在职场跑步机上的健身者，在更高、更快的组织目标中不断向前奔跑，而这本书提醒我们，想要更精准定位并解决问题，慢思考同样不可或缺。通过慢思考，我们可以更全面地理解问题，避免被“决策天敌”所误导，从而做出更准确的判断。正如作者所说，每个决策偏见和认知模型背后，都隐藏着一个商业王国的故事。这本书引用了很多国内外的研究成果和商业案例，将复杂的理论变得易懂又有趣。不仅如此，作者还介绍了很多实用的工具和方法，将每个隐藏在潜意识层面的认知偏见逐一拆解，并附上很多思考和行动的小问题，发人深省，帮助我们在未来的工作中提升决策质量。

无论你是想提高个人决策质量，还是想在职业生涯中走向更高的阶梯，这本书都将成为你不可或缺的指南。希望这本书成为你在职场中的得力助手，助你在纷繁复杂的环境中做出更理性的决策！

孙璐璐

深圳虾皮科技有限公司培训负责人

我们的一生过得怎么样基本是由我们做出的大大小小的决策决定的！这也就意味着要想过上理想的生活，我们必须学习如何建立科学的决策流程。读完申博士的书，我做了很多自我反思，如有多少次做了一个斗士型决策者（肾上腺素飙升、冲动之下做出了令人后悔的决定），而不是一个侦察兵型决策者（前额叶皮层主导之下、获取足够信息之后再做出明智决策）。如果能早点读到这本书就好了！我刚在美国参加了 ATD（Association for Talent Development，人才发展协会）的全球年会，发现当今领导力和管理领域研究的一个热点就是脑神经科学与决策机制的关系，而申博士的这本书清晰地讲述了决策背后的生理机制、科学的决策流程是怎样的、决策偏见和四大纠偏策略，可以说是集大成者，我会把它推荐给身边的每个朋友。

王晨

阳光商研院院长

前言
决策无处不在

生活就是所有“选择”的总和。

——阿尔贝·加缪

决策与我们每个人都息息相关，它的意义是“选择、做决定”等。在日常生活中，我们每天都需要做出各种选择，如早上几点起床、吃什么、穿什么、去哪里、做什么、如何投资等。

虽然，在日常生活中，你不必总是需要做出生死攸关的决策，但是你做出的决策的质量不仅影响你自己，还会影响你的家人、朋友、同事，以及很多你认识或不认识的人。

“生活就是所有‘选择’的总和”——诺贝尔文学奖获得

者阿尔贝·加缪如是说，我们每天、每小时、每分钟，都站在选择的十字路口。

同样，我们的决策塑造了我们的组织。在各类商业组织中，正确的决策就像空气，平日大家似乎觉察不到它的存在，但当它消失时，每个人都会意识到它是如此宝贵。决策像空气一样无处不在，更关乎企业的生死存亡。大到企业是否站对了“风口”，小到电子邮件中的措辞，每一个行动背后的得与失，都与是否由正确的人在正确的时间以正确的方式做出正确的决策紧密相关。无论领导者是有意识还是无意识地做出决策，无论决策产生的结果是好还是坏，做决策都是领导者在面临挑战或机遇时必须具备的核心技能。无论决策者身处哪个国家、哪个行业，也不论其所在的组织规模有多大，如果他无法在当下的环境中快速做出反应，做出高质量决策，并带来成效，那么他的企业终将一败涂地。

诺贝尔经济学奖获得者赫伯特·西蒙对管理与决策的关系做出了高度的概括：“决策是管理的心脏，管理由一系列决策组成，管理就是决策。”的确，管理的本质就是决策。迅速做出正确的决策并使之高效执行，正是高效能组织的特征之一。高效能组织能够战胜竞争对手、变得卓尔不群，正是因为决策的质量高、速度快、执行有力。在面临重大的战略决策时，卓有成效的组织往往表现非凡。在一些需要保持连贯性和敏捷性的关键运营决策上，如推动产品创新、为品牌寻求最佳定位及合作伙伴等方面，这样的组织表现得更加出类拔萃。

克劳塞维茨在其著作《战争论》中就着重指出，战争充满了各种不确定性。我们常说，商场如战场，组织中的领导者面临的最大挑战就是在复杂动荡的商业环境中，做出高质量的决策，即在信息不完整、资源不充分、前景不明朗、结果不确定的情况下做出明智的选择，因为这影响的不仅是领导者个人，更关乎组织的命运。

拿破仑认为对一名指挥官来说，做决定的能力最难获得，因此也最宝贵。从 VUCA 时代［Volatility（易变性）、Uncertainty（不确定性）、Complexity（复杂性）、Ambiguity（模糊性）］到 BANI 时代［（Brittleness（脆弱性）、Anxiety（焦虑性）、Non-Linear（非线性）、Incomprehensibility（不可理解性）］，组织对领导者在决策方面的能力要求也越来越高——需要快速识别、快速分析、快速判断、快速行动，以及快速纠偏。决策是领导者保障企业生存和持续发展所必须具备的、最核心的能力。

如果指挥官在战场上做出了错误的判断，即使前线战士们浴血奋战、流血牺牲也无法力挽狂澜，战胜对手更是无从谈起。面对云谲波诡的战争局势和战场态势，指挥官对敌情的判断出点儿差池也许不可避免，但因个人的独断专行而招致的恶果，实在让人无法原谅。

毕竟，一百次优秀的行动，也无法挽救一次糟糕的决策。

目录

决策的核心

夫未战而庙算胜者，得算多也，未战而庙算不胜者，得算少也。多算胜，少算不胜，而况于无算乎！

——孙子

决策的故事

2007 年，一家全球知名公司的新任 CEO，制定了一个雄心勃勃的十年计划：十年内将美国市场销量翻三倍，使公司超越行业内其他两个竞争对手，成为全球第一大制造商。

几年后，这家公司如愿以偿，不仅打开了美国市场，甚至提前四年完成了十年计划，取得巨大的商业成功。

故事讲到这里，你有何想法？

你可能会认为这家公司业绩非凡，这位 CEO 是位擅于决策、勇于挑战现状的领导者。

当我告诉你这家公司就是大众汽车，而这位新上任的 CEO 就是马丁·温特科恩时，你或许已经知道故事的结局了。

由于环保要求越来越严格，想要实现这位新任 CEO 宏大目标的关键，在于大众汽车出产的柴油车氮化合物排放是否达到美国规定的标准。其工程主管人员在事件发生后强调，认为当时规定的标准不切实际，在当时的情况下根本不可能达成。于是，大众汽车的工程师们在车辆控制程序中植入了一段伪造排放的代码，正是这段代码瞒过了检测机构，打开了美国市场，继而使大众汽车超越竞争对手，成为全球第一大汽车制造商。

直至2013年，西弗吉尼亚大学的研究团队对大众汽车进行路测时才发现这个问题，这一丑闻才得以曝光。

这就是曾轰动全球的大众汽车“尾气造假事件”。

从大众汽车内部人员的评价中，我们得知马丁·温特科恩是一个对细节极为苛刻的“完美主义者”，他的管理风格粗暴强硬，下属对他敬而远之，更不敢告诉他坏消息。领导者的过度自信以及无法容忍反对的声音正是这一重大错误决策的导火索。这一事件之后，马丁·温特科恩被迫“下台”，但他却并不承认自己的错误。

类似的错误决策可谓数不胜数。无论是优秀的个人，还是卓越的组织，甚至是强大的国家，都有可能因为错误的人在错误的时间、地点以错误的方式做了错误的事而导致失败的结局。失败的结局往往是因为一系列错误的决策，而错误的决策又往往因为错误地分析了形势和错误地判断了方向。

做出决策的场景

各级领导者的重要职责在于与人合作解决问题并做出决策，然后决定由何人、在何地、用何种方法来执行何种任务。领导者需要做出的决策和解决方案涉及范围广泛，可能小到评估员工的绩效表现并决定调整薪酬方案，也可能是大到对业务具有影响的长期决策。

变化迅速、竞争激烈的商业环境要求领导者必须高效、及时地解决问题和做出决策，以实现预期目标。掌握解决问题和做出决策的技巧不仅能有效推动领导者完成重要的业务目标，更能帮助领导者在组织中发挥积极影响、倡导创新精神并树立正面榜样。

在快速变化的环境中，领导者再不能停留于纸上谈兵，必须能够在面临压力时迅速做出和执行决策。实现具体业务目标或解决问题的一个重要前提是决策者必须能够认识、理解和说明做出决策的理由——即我为什么要做出某项决策。

决策者在决策中的角色（即决策类型）以及相应的决策场景（目的）、决策核心与决策行动可以分为以下 4 类（见图 1-1）。

角色 / 决策类型	决策场景 / 目的	决策核心	决策行动
棋手	形势评估	从何处开始着手	谋划布局，优先排序
侦探	原因分析	问题发生的原因	了解问题，剖析原因
采购	方案选择	应该选择哪个方案	产生方案，选择最优
裁判	采取行动	是否应该采取行动	比较利弊，做出决策

图 1-1 决策中的角色对应的决策场景、核心及行动

○ 棋手（形势评估）

决策者面临决策的理由是“从何处开始着手”，即面对复杂的形势或趋势，确定应该从哪里开始着手应对。

例如：

- 公司在合并重组后需要进行大量变革，我应该首先采取哪些变革措施？

- 刚刚就任新职位，我应该先开展哪些工作？
- 行业面临新进入者和新技术的挑战，我们公司应该如何面对？

决策者通常必须同时处理各种棘手事务。除了必须处理不断发生的突发事件，决策者的决策还包括了解和分析全盘局势，以制定有效的应变策略。

○ 侦探（原因分析）

决策者面临的决策核心是“发生问题的原因”，即了解和确定问题发生的根本原因。

例如：

- 为什么员工对必要的变革或新的制度如此抵触？
- 为什么部门员工的离职率不断增加？
- 为什么竞争对手能够在短时间内不断抢占市场份额？

我们常说“计划赶不上变化”。决策者面临问题时，必须采取行动，只有在发现了问题背后的原因后才有可能有效地解决问题、提出对策或做出决定。此类决策场景要求决策者从日常的高压决策环境中解放出来，进而更广泛、更精准地收集信息，从而发现问题发生的主要原因。

○ 采购（方案选择）

决策者面临的决策核心是“应该选择哪个方案”，即从多个（两个以上）提案中进行选择并确定最适当的解决方案。

例如：

- 采取哪一种方式能够更有效地帮助人们接受变革？
- 采取哪一项措施能够更有效地提升员工的留任率？
- 采取哪一种策略能够更有效地快速占领市场？

无论是选拔人才，购买设备、产品或服务，还是金融投资等相关的决策，均需要决策者从一系列备选方案中选择最合适的方案。产生一个好主意的方法是要先有一定数量的主意，无论是从现有方案中进行选择，还是做出新方案，决策者必须首先确保拥有足够数量的备选方案。在不同方案中进行选择时，有效的决策或建议必须确定非常明确的选择标准。

○ 裁判（采取行动）

决策者面临的决策核心是“是否应该采取行动”，即决定做还是不做。

例如：

- 我们在当前情况下是否应进行数字化转型？
- 我们是否应推行多样化经营？
- 我们是否应采用新的物流系统？

进入新市场、开发新技术、采取新模式等情形通常要求决策者做出是否采取行动的决定。这一类型的决策可能产生很大影响。决策者需要同时考虑采取或不采取行动可能带来的结果、影响和风险。

决策场景间的关联性

图 1-2 展示了 4 种决策场景间的关系和关联性。在经过排序并确定最需要解决的问题后，决策者需要进一步探究问题产生的根本原因，然后针对根本原因，从若干方案中选择最合适的方案，最后决定是否采取行动。

反之，决策者也可能从行动出发，经过权衡利弊之后，做出是否采取行动的决定，然后进行全面的形势评估。

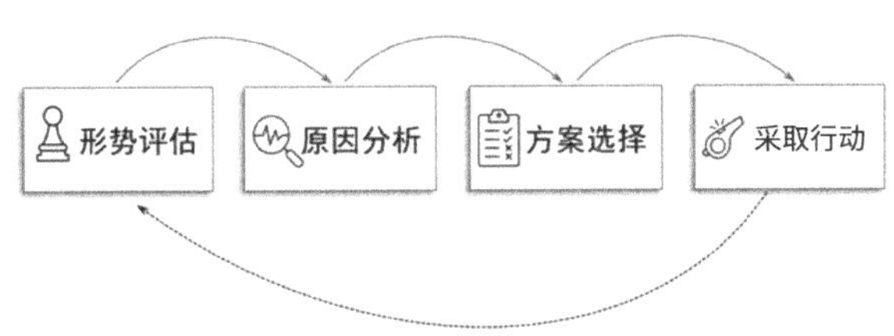

图 1-2 决策情形之间的关系

假如你是一位经验丰富的经理人，刚刚获得任命出任某公司的高管。你在上任之初就面临利润下降、分销商过多、新产品产量低、员工士气不振及对公司管理层不信任等问题。在对公司形势进行评估之后，你认为所有问题的解决必须从提振员工士气开始。经过对员工士气低落原因的全面分析及对多种方案的评估之后，你决定从在公司内推行教练文化着手。

形势不一定是问题，只有形势成为必须处理的事件，才会成为问题。经过形势评估之后，根据其特点，迅速制定策略：是应该进行原因分析，还是要创造性地解决问题？是应该做方案选择，还是该对是否采取行动进行判断？

比如，提振员工士气的问题，这是对过去事件的分析，要找出原因；在三个候选人之中，应该晋升哪一个人，这是现在面临的问题，要做出选择；公司要不要推出新产品，这是有关未来的问题，需要事先进行形势评估，对可能发生的干扰事件进行预判。如果问题是关于过去的，我们可以聚焦于原因分析；如果问题有关现在的困惑，那很可能是与方案选择相关的；如果是关于未来的问题，则可能要直接进行形势的分析。通常来说，业务专家更关注要找出原因的问题，管理人员更关注要做出选择的问题，高层领导者考虑最多的则是规划性的问题。

总而言之，关心什么样的问题或决策，每个人的看法不一样。不同的人在面对同样的问题时，有不同处理方式。这涉及对问题或决策进行深入的梳理。无论领导者需要处理的问题或面临的决策属于何种性质，简单或复杂、短期或长期、涉及范围小或大，明确决策的场景和核心都是重中之重。当我们明确了决策的场景和核心，也就明确了决策的关键——正确的事情、正确的原因、正确的决策。

知行合一

- 在你的生活或工作中，当前面临的重要决策是什么？
- 你当前面临的重要决策，属于哪种决策？
- 这项重要的决策，关乎的是过去、现在还是未来？

决策的天敌

偏见缠住了人的性格，就无法克服，因为它们成了人本身的一部分，无论证据、常识还是理性，都拿偏见毫无办法。

——约翰·沃尔夫冈·冯·歌德

决策的故事

“仅需一滴血，就能准确检测出上百种疾病，这将彻底颠覆医疗检测行业。”

——如果有人这样说，你会相信吗？

当你觉得这是“天方夜谭”时，有人不仅相信，还“真金白银”地投资，其中不乏知名的商界和政界人士。

这个“传奇”项目让伊丽莎白·霍尔姆斯从一名二十岁出头的辍学者一跃成为美国第一大女企业家，并获评《时代》杂志“2015 年度最具影响力人物”。

“创造一个改变世界的奇迹”这个想法深深地根植在霍尔姆斯的内心，刚刚大二时，她从斯坦福大学辍学，筹集费用创立 Theranos（Therapy+Diagnosis，治疗 + 诊断）并担任首席执行官。她希望发明一种无须抽血，只要在手指上扎一下，通过几滴血液就可以检测出上百种疾病的方法，她因此提出了“一滴血可以改变一切”的口号。然而，她愚弄了全世界，制造出一个“史诗”级的硅谷创业骗局。

为了吸引资金，霍尔姆斯频繁地接触各类投资人，也日渐受“硅谷文化”影响——“Fake it until you make it”（演久了就成真的了）。她的演讲引起了美国前总统比尔·克林顿的关注，甚至给当时的副总统乔·拜登留下了深刻的印象。当她为说服诺华制药而开始采取错误行动时，人们也开始目睹她被自身的野心和欲望所吞噬，并最终被资本推下深渊。

直到2015年，《华尔街日报》记者约翰·卡雷鲁在深入调查了霍尔姆斯的骗局后，写了《坏血：一个硅谷巨头的秘密与谎言》，曾经的创业女神跌下神坛，震惊世人。2022年1月3日，美国相关机构做出裁定，37岁的伊丽莎白·霍尔姆斯4项欺诈罪名成立，最高可能面临20年监禁。

霍尔姆斯确实有着她自己偏执的一面，她犯了错，理应受到制裁，即使在她的谎言被揭露后，她仍试图通过电视采访来迷惑公众。

但是，那些看起智慧非凡的投资人和各界精英们，是什么让他们被冲昏了头脑，落入了决策的陷阱之中？

在硅谷，人们推崇天才，不管是否合理，都要传递无限的乐观情绪。这种精神孕育出了诸如谷歌、网飞、脸书和苹果等公司。但同时，人们也应该保持警惕，因为下一个霍尔姆斯可能就藏在这里。

糟糕的决策

如果你是一家娱乐公司的高管，在日本取得非凡业绩之后，你会在欧洲复制在日本取得的成功吗？

如果你是美国国家航空航天局（NASA）的高管，在专家们的反对声中，你仍然会做出发射航天飞机的决定吗？

如果你是一家摄影器材公司的总裁，你会勇于放弃利润颇丰的胶片产品，主动迎接数字时代吗？

这些真实发生的案例经常被拿来在管理课堂上讨论，并向我们展示了决策者决策的天敌："认知偏见"（也被称为"认知偏差"或"认知偏误"）——人们在觉知自身、他人或外部环境时，感知到的结果常常因自我或情境原因而被扭曲。对决策者来说，最常见、最具破坏性的就是这会导致决策者只关注支持自己既定的想法和决策的依据，却忽视不利的事实和信息，甚至有意地忽视它们。

东京迪士尼乐园的短期成功，让其高管们自信地认为，在欧洲推进迪士尼乐园建设已成为当务之急。由于缺乏对欧洲，特别是法国的文化背景和游客习惯的充分考虑，欧洲迪士尼乐园在运营的第一年就遭受了9.6亿美元的巨额亏损。其实，管理者和专家比"普通人"更容易陷入"过度自信"的误区，他们因过去的优秀表现而更容易过高估计自己的能力，并倾向于忽视眼前的事实和可能出现的意外情况。

科学家们坚决反对在接近冰点的温度下发射挑战者号，因为低温很可能会对火箭助推器“O 形环”造成严重磨损，但 NASA 的政策制定者认为“O 形环”在常温下也出现过失效的情况，因而对潜在的极大风险视而不见。结果，航天飞机爆炸、解体、坠毁，7 名宇航员全部遇难。

1975 年，柯达成功开发出世界上第一台数码相机，但由于担心数码业务会影响利润丰厚的胶片市场，数码技术惨遭搁置。直至 20 世纪 90 年代末，柯达不得不推出数码业务时，第一块蛋糕早不知去向，因此无法在数码市场占据一席之地。“现状偏见”是指尽管面临改变的压力，人们仍倾向于维持现状。毕竟，谁能抵挡得住眼前胶片市场丰厚的利润和稳定的现金流的诱惑呢？

事实证明，即使是伟大的领导者或卓越的组织，有时也会做出错误的决策。领导者往往对自己的直觉深信不疑，自欺欺人的机制已根植于他们的大脑深处。有些失败的决策可能的确是由于偶然，但更多的则是由于领导者自身的认知偏见。

决策有哪些天敌

让我们先来做几个小游戏，看看大脑是如何“愚弄”我们的。（请在本节末，参看“正确答案”。）

游戏 1：

请问，这句话可能是什么？

ICE CREAM IS GOOD

你的答案：

游戏 2：

池塘中有一片荷叶，荷叶的面积每天都会翻倍，到了第 20 天，荷叶占满了整个池塘。

那么，荷叶在第几天时，面积会占到池塘的一半？

你的答案：

游戏 3：

一个笔记本和一支铅笔的价格合计为 1.1 元，这个笔记本的价格比铅笔高 1 元，那么这支铅笔的价格是多少？

你的答案：

古典微观经济学以“理性人”作为基本前提。一位理性的决策者应该在成本约束下尽最大努力去收集各种信息，并明智、理性地利用所有已知的信息处理和分析，达到最优的决策结果。

一个理性的选择通常需要考虑以下 4 个方面。

- 考虑决策者目前所拥有的“资产”。这些“资产”包括：物质财富、生理状态、心理能力、社会关系等。
- 考虑选择带来的可能结果。

- 当选择的结果不确定时，可以利用概率论的基本原理评估不同结果的可能性。
- 理性选择应该具有适应性，它受到与每个选择的可能结果相关的概率、价值和满意度的约束。

但是，满足这些标准的决策者或许只存在于“黑板经济学”中。诺贝尔经济学奖获得者丹尼尔·卡尼曼和他的同事阿莫斯·特沃斯基在20世纪70年代和80年代的研究中将心理学内容与不确定性下的决策联系起来，使“不会犯错”的理性人转变为认知和行为上异常的“社会人”，并为心理学和经济学的融合奠定了基础。

丹尼尔·卡尼曼和阿莫斯·特沃斯基的研究表明，即使思维出错，其出错的方式也有规律可循。

在决策者的“决策天敌”中，最常见的现象就是“自欺欺人”。尽管收到了相关信息、明确的信号或警告，决策者仍然对自己抱有的信念和想法固执己见。对于这些陷入“自欺欺人”陷阱的领导者来说，所谓的外界信息、信号或警告，要么是危言耸听，要么是反应过度，他们认为人们错误解读了现实生活中正常的波动和创新过程中的起起落落。

要么平淡却令人震惊，要么被误解，要么被过度解读。

“创新”是一场严重的危机。

更有甚者，把已经出现的不利趋势作为支持自己独断决策的“挡箭牌”，总认为自己的经验和知识足以支持高质量决策。直至某日，时过境迁、尘埃落定，他们才恍然大悟自己付出了怎样的代价。

行为科学几十年的发展或许可以为决策者陷入某些决策陷阱的现象提供解释，并为决策者避免陷入种种“决策沼泽”指明方向。如果你搜索相关网站，你会发现被人们所识别的“认知偏见”数量已高达上百条甚至更多，从“锚定效应”（对某人或某事做出判断时，容易受第一印象或最早信息的支配，思维就像沉入海底的锚一样被固定在某个点）到“蔡加尼克效应”（尚未处理完的事情比已处理完成的事情让人印象更加深刻），应有尽有。

从行为科学的角度出发，这里把决策者的“决策天敌”（决策陷阱）及其根源，用几类重要的行为经济学范畴的描述进行提炼和刻画，让几组偏见清晰可辨。我们将几十种决策偏见分为五个类型：安全性偏见（Safety）、政治性偏见（Politics）、便利性偏见（Expedience）、经验性偏见（Experience）、距离性偏见（Distance），简称SPEED，见图2-1。

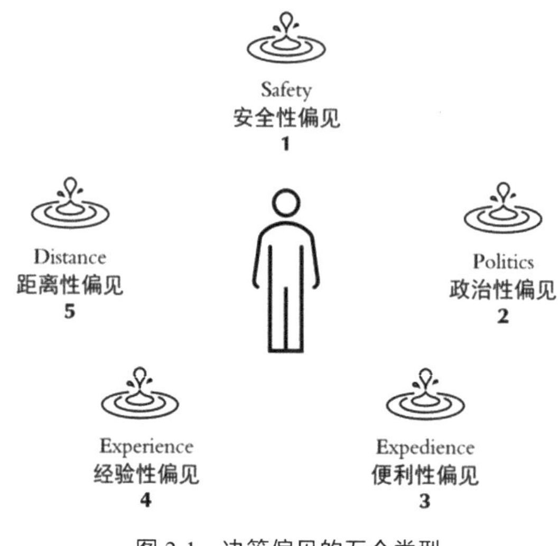

图 2-1　决策偏见的五个类型

这里介绍的决策偏见类型并不详尽，只是重点介绍了那些最常出现且对决策影响最大的偏见。每一个“陷阱”之下，都对应着一种认知偏见，每一个“天敌”背后，都记录着一段商业王国的浮沉往事。

“坏”比“好”强：安全性偏见

“趋利避害”是人类的本性，人们往往有侧重负面信息的倾向，这是大脑用来让人们改变危险行为的方法。因此，“坏”（负面）往往比“好”（正面）更具影响力。

◆ 最大的恐惧，就是“未知的未知”——不确定性效应

假设你面前有一个装有 30 个球的桶。球有红色、黑色和白色的。10 个球是红色的，其余 20 个是黑色或白色的，所有黑色和白色的组合都是可能的。你有以下两个选项。

- 选项 A：取出一个红色球，可以赢得 100 元。
- 选项 B：取出一个黑色球，可以赢得 100 元。

你的选择会是什么呢?

其实，对于选项 A 和 B，选择获胜球的概率是相同的。在选项 A 中，选择获胜球的概率是 1/3（总共 30 个球，其中有 10 个红色球）。在选项 B 中，尽管黑色球的数量不确定，但选择获胜球的概率也是 1/3（黑球的数量在 0 到 20 之间的所有可能性中均等分布）。

尽管概率相同，但人们更倾向于选择选项 A，选择获胜球的概率被认为更高。黑球数量的不确定性意味着选项 B 往往不太受欢迎。尽管黑球的数量可能是红球的两倍，但人们往往不愿意承担可能少于 10 个黑球的风险。选项 B 背后的“不确定性”意味着人们倾向于选项 A，即使两者概率相同。

“不确定性效应”也称“模糊效应”或“埃尔斯伯格悖

论”，指人们在决策时，倾向避开资讯不足的选项，而去选择已有信息量更多的选项。

丹尼尔·卡尼曼和阿莫斯·特沃斯基在“前景理论”中提出，并不能用完全的理性来规范人们实际的行为，实际上，人们的行为选择要受到心理因素的影响，是理性和心理因素共同作用的结果。对确定性的追求，使我们最大限度地收集有利信息并从各种来源获取数据，从而使确定性最大化。

“不确定性效应”暗示了在风险和不确定情形下的决策会有所不同。与仅具可能性的结果相比，决策者倾向于对确定性的结果赋予较高的权重，而对可能的结果赋予较低的权重。人们总是倾向于确定性高而回避缺少信息的选项，这通常会导致他们努力寻找缺失的信息。

因此，尽管统计数据显示可变利率贷款（利率随市场波动）可以节省资金，但实际情况却是，在购买房屋时，很多人选择固定利率贷款。规避风险的投资者更有可能选择政府债券和银行存款等“安全性”高的投资，而不是股票和共同基金等波动性较大的投资。对不确定性的厌恶，或许可以解释为什么人们更倾向于选择工资稳定的工作而非回报不确定的创业。

人们对不确定性怀有极大的厌恶感，因此，社会上的很多机构花费高额成本来降低不确定性。人们最大的恐惧来自不确定性，即有人所说的“未知的未知”——那些无法预知以至于无法系统分析和应对的事物和情境。

因此，如今，占卜、星座、塔罗牌及其他一些玄学理论仍有市场，也就不难理解了。一些人认为这些理论是他们理解的深层潜在结构的一部分，可以帮助他们对生命中的不确定性做出解释。人们将这些理论视为他们无意识的、更深层和更神秘的那部分，有助于解释生活中的无常和不确定性。

哲学家罗素说：“追求确定性是人类的本性，也是一种思维恶习。如果有一天你带孩子出去野餐，他们想确切地知道这一天是晴天还是雨天。如果你无法确定，他们就会对你感到失望……于是，‘不确定性’和人类对‘确定性’的追求的本性，就构成了始终难解的痛。”

◆ 失去的痛苦，大于得到的快乐——框架效应

想象一下：一个国家正在应对一场罕见疾病的暴发，预计该疾病可能导致 600 人死亡。我们假设有以下情景和方案。

情景一：

如果采用 A 方案，200 人将生还。

如果采用 B 方案，有 1/3 的概率 600 人将生还，而有 2/3

的概率将无人生还。

你会选择方案 A 还是 B 呢？

情景二：

如果采用 C 方案，400 人将死去。

如果采用 D 方案，有 1/3 的概率无人死去，而有 2/3 的概率 600 人将死去。

你会选择方案 C 还是 D 呢？

很多人在情景一中会选择方案 A，在情景二中会选择方案 D。

但实质上方案 A= 方案 C，方案 B= 方案 D。

情景一和情景二的解决方案实际上是相同的，只是描述不同而已。然而，恰恰是语言形式上的微小变化，人们的认知参考点从情景一的“收益”心态转变为情景二的“损失”心态。根据不同的参照点，人们对风险的态度可能会截然相反。在收益面前，人们选择谨慎地规避风险，但在损失面前，他们往往愿意承担风险，并且偏好风险。

再比如，面对下列两种情景，你会分别做出怎样的选择呢？

情景一：假设有一笔生意有 100% 的概率赚取 800 元，而另一笔生意有 85% 的概率赚取 1000 元，但也有 15% 的概率不赚钱。

情景二：假设一笔生意有 100% 的概率赔钱 800 元，另一笔生意有 85% 的概率赔钱 1000 元，但也有 15% 的概率不会赔钱。

研究结果显示，在第一种情况下，有 84% 的人选择 100% 赚钱 800 元，表现出了对风险的规避；而在第二种情况下，有 87% 的人选择有 85% 的概率赔钱 1000 元、但也有 15% 的概率不会赔钱，体现了对风险的偏好。

“框架效应”是指人们对客观上的同一个问题给出不同的解释，从而导致不同的决策判断。这个概念由卡尼曼和特沃斯在 1981 年首次提出。

有一个守财奴，不小心掉进了河里。好心人大声喊道：“快把手给我，我拉你上来！”但守财奴却迟迟不肯伸出自己的手。好心人先是一头雾水，但突然醒悟过来，对着正在沉下去的守财奴喊道：“我把手给你，你快抓住我！”守财奴便一下子就抓住了那个好心人的手。

这些例子和故事都清楚地解释了框架效应：对同一个问题，如果变换视角和框架，可能会得到完全不同的结果。

在日常生活中，当消费者认为价格的变动会给他们带来“损失”而不是“收益”时，便对价格更为敏感。“如果你现在不采取行动，你将永远失去机会。”很多销售人员利用这种技巧来激发人们的恐慌本能，迫使人们在未经充分考虑的情况下迅速做出决定。

关键不在于说什么，而在于怎么说。

◆ 请不要为倒洒的牛奶哭泣——沉没成本谬误

你是否有过这样的经历：当你去电影院看某部电影，看了 15 分钟后你便意识到这可能是你看过的最糟糕的电影，但你还是看完了。你坐在座位上，努力忍受，因为你不想浪费这张电影票。

“沉没成本谬误”也称“不理性增值”，指人们会基于先前已有的投资来证明其增加投资的决策是正确的，尽管新证据表明该决策可能是错误的。

20 世纪 60 年代，英国政府和法国政府共同投资开发大型超声速客机协和式飞机。研制机身大、装饰精美、速度快的飞机是一个很大的赌注，仅设计新发动机就花费不菲。

项目开始后不久，英法两国政府就意识到继续投资此类机型的开发将大幅增加成本，而且是否有市场前景也不得而知。但停止开发也很可怕，因为那意味着之前所做的投资将石沉大海。随着研发的深入，做出停止研发的决定也变得越来越困难。协和式飞机最终研制成功，但由于油耗高、噪声大、污染严重等问题，以及高昂的运营成本，不适应市场竞争，英国和法国政府蒙受了巨大损失。

在开发过程中，如果英法两国政府能够早点放弃，或许可以减少损失，但它们却没做到。最终，协和式飞机退出民航市场，看似走出了无底洞，这也是“壮士断腕”的无奈之举。

已经发生且无法收回的投入，例如，时间、金钱和精力，被称为“沉没成本”。如果你对沉没成本过分执着，就会在错误的道路上越走越远，最终造成更大的损失。

事实上，不仅是在建造协和式飞机这样的大型项目中，在日常生活中，人们在决定是否继续做某件事时，不仅会考虑这是否对自己有利，还会考虑投入的成本。从理性的角度来看，沉没成本不应该影响决策，但是人们往往想要收回或者避免沉没成本，反而导致非理性的决策行为。

◆ 报忧不报喜——负面偏见

有一个好消息和一个坏消息，你想先听哪一个？

如果你想先听坏消息，那你和大部分人的选择一致。

因为“坏的事情”对我们的影响比“好的事情”更大，

而相对来讲，它们也更能影响我们的生活。相较于正面信息，人类对负面消息有更深刻的印象，处理负面信息也更快速而彻底，这些信息对我们的影响也更加持久。

“负面偏见”也称“消极偏见”或“负性认知偏见”，它是一种心理现象，相比于积极的记忆，人们更容易回想起那些不愉快的记忆；相比积极的事物，人们更加注重消极的事物。这一概念最早由心理学家保罗·卢辛和爱德华·鲁伊兹曼在他们 2001 年发表的论文中提出。他们认为负面事件是极具传染性的，一丁点儿负面因素就能让人们完全不去关心整个事物的本质是好或是坏。

试想一下你不太喜欢的食物，比如胡萝卜、芹菜、豆子等。如果加些别的食物会让这些食物符合你的口味吗？或是有什么其他食物能够让你消除对它们的厌恶感吗？

答案是没有！

负面偏见几乎可以体现在日常生活的任何领域中，包括人际关系、工作、家庭、学校和社交等。即使是 6 个月大的婴儿也能在人群中发现一张愤怒的脸，而要发现一张快乐的脸则困难得多。事实上，无论人群中有多少笑脸，我们的目光也会快速捕捉到愤怒的表情并聚焦其上。

在情感方面，相对于品享美好时刻，我们也会消耗更多的能量来调整负面情绪。华盛顿大学的心理学家约翰·戈特曼通过统计夫妇间交换意见时正面及负面的情绪表达所占的比例（也包含语音语调和肢体语言在内）发现：维持夫妻关系所需要的“黄金比例”为 5∶1，换句话说，需要五次正面的情绪表达来平衡一次负面的情绪表达。

在社交生活中，我们花更多的精力来避免负面评论，而不是构建正面评论。智利心理学家玛西亚尔·洛萨达研究了一家信息处理公司的 60 个管理团队，得出结论：在最高效的团队中，成员间的赞扬与批评之比为 6∶1；而在特别低效的团队中，这个比例则为 1∶3。

换言之，一次负面反馈需要 3 到 6 次的正面反馈来平衡，这对于提升爱情质量、增加员工的满意度，或是在其他方面提升日常生活的幸福感都至关重要。

生死别离、意外事故、对父母照顾的失当、经济损失，乃至于别人一句不经意的负面评价，都会占据我们的脑海，抹去令人愉悦的积极体验，使我们难以笑对漫漫人生路上的艰难挑战。

◆ 眼不见为净——鸵鸟效应

市场不好的时候，作为投资者，你是否会相对低频去查看自己所持股票的股价？

在减重的过程中，你是否会避免称体重，或者避免追踪、记录摄入的食物和消耗的热量？

因为担心检查的结果不好，或怕发现什么疾病，你是否会避免做体检或医学检查？

……

如果你有上述类似的行为，那么你就已经跌入了“鸵鸟效应”的陷阱中了。

“鸵鸟效应”指人们忽视明显的负面情况，故意逃避负面信息（或不符合我们期望的反馈）。

从心理学的角度来看，鸵鸟效应是一种逃避现实的心理，也是一种不敢面对问题的状态，它是理性大脑所认知的重要性与情绪大脑所感知的痛苦之间的冲突。在面对压力时，很多人会采取“眼不见，心不烦”的回避态度，明知可能会出现问题，而不去思考对策，让问题变得更加复杂、更加难以处理。像走投无路的鸵鸟一样，以为只要把头埋进沙子里，危险就会消失不见。

无知可能是幸福的，但假装无知却不是。

○ “同”比“异”好：政治性偏见

“社交情感需求”是人类的基本需求。人们总是倾向于与他人产生关联，相对于“身体疼痛”，与他人关联的缺失产生的“心理疼痛”对人的影响似乎更严重，也更长远。因此，人们更乐于接近“同”（归属感），而远离“异”（排斥感）。

◆ 非我族类，其心必异——内群体偏见

当你询问孩子：“是你的学校的学生更好，还是其他学校的学生更好？”几乎所有孩子的回答都是“我们学校的学生更好！”人们往往认为自己所属的群体更优越，认为属于自己这一方的成员应该拥有优先权或者享受较好的待遇，即偏向于自己的群体。

“内群体偏见”又称“派系偏见”，指个体对同一群体的其他成员的偏好，个体对某一特定社会群体更有认同感，以及作为该群体的一员带来的价值和情绪更容易被认同。

在社会心理学上，有个概念叫“社会认同”，指保持与团体理想一致的内在认同感和团体归属感。换言之，就是我们感觉自己是谁，属于哪个群体。每个人都有社会身份，例如，民族、性别、地域、职业、爱好、毕业学校，等等。这些身

份，无论用哪种标签，都可以让人处于某一个“圈子”（内群体）。

亨利·泰弗尔研究发现，当个体主观地感知“我们”是一种社会认同感时，这种认同感会为“我们”提供更多的资源、支持和发现，从而引起积极的评价。“我们”的概念可以自动触发潜意识中积极的情感内涵。即使年仅六七岁的孩子也会表现出对自己国籍的强烈关注，即使他们还并不完全理解国家的概念。

有关民族意识的文献中也普遍存在内群体偏好的证据。世界比较复杂，二分法成为理解这个非常抽象、标签化的世界更加简单的方式，但它却会带来一些误解。当你被归入某一群体（或仅仅是感觉被归入某一群体），“内群体偏见”就可能会增加，你会自然而然地认为“我们”（内群体）更优越，而排斥“他们”（外群体）。

◆ 三个诸葛亮，不如一个臭皮匠——群体思维

在组织当中，当人们就问题或提案发表意见时，有时提案会在无人发表意见的长时间沉默后获得一致通过。一些关键的组织成员通常拥有权力，更喜欢自信地表达自己的意见，他们的想法便更有可能被他人接受。其实大多数人心里或许

并不赞同这个提议，但是群体成员感受到了群体共识的压力，所以不愿意表达不同的想法，这就影响了个人的批判性思维、分析和推理能力。而在这种情况下做出的集体决策往往是非理性且不明智的决策。当一个组织过于注重一致性，而不能持一种审辩式的态度来分析假设与决策，这种情况便会发生。

“群体思维”是群体决策过程中的一种现象，指个体在从众的压力之下，无法客观地评估异常、少数或不受欢迎的观点。

“群体思维”是伤害群体和组织的疾病，病征通常表现如下。

- 群体成员将其做出的基本假设合理化。哪怕事实与他们的假设之间存在强烈的冲突，群体成员的行为仍会继续强化这种假设。
- 群体成员会给那些怀疑群体共同观点的个体施加压力。
- 持怀疑态度或持不同意见的人常常试图通过保持沉默或淡化自己观点的重要性来避免与群体产生分歧或冲突。
- 保持沉默往往被视为赞同或意见一致，或者说，缺席者会被视为同意者。

◆ 真理往往掌握在少数人手中——从众效应

当看到许多人围观在一起时，你也想过去凑个热闹，一探究竟；网上购物时，好评较多的商品通常会吸引你的关注；选择去哪家餐厅吃饭时，你往往选择去店门口排长队的或者店内食客多的那一家。

在日常生活中，每个人都会或多或少地存在从众倾向，总是倾向于“随大流”，以避免孤立感。“人多”本身似乎就是最有说服力的证据，鲜少有人能够在“众口一词”的情况下，还勇于提出和坚守自己不同的观点。

“从众效应”又被称为“羊群效应”或“花车效应”，指人们从事或者相信某件事时依赖于其他相同情况的人做出的选择。顾名思义，参加者只要跳上花车大游行中搭载乐队的花车，就能够既不用走路，又可以轻松地享受游行中的音乐。“jumping on the bandwagon”（跳上乐队花车）就意味着“进入主流”。

在研究从众现象的实验中，最为经典的莫过于“阿希从众实验”。在实验过程中，当假被试（研究人员的“托儿”）故意异口同声地说出一个错误答案时，许多真被试开始迷惑了，对正确答案所持的信心发生了动摇，做出了明显错误的判断。

美国霍桑工厂的实验同样有效地证明了这一现象。工人们每天的工作量都有一个标准，完成这些工作量后，他们就会明显地放松下来，因为任何人超额完成工作都可能使领导者提高工作定额。如果一个人干得太多，就等于惹了众怒；但干得太少，又有“磨洋工”的嫌疑。因此，没有人去打破日常标准，任何人干得太多或者太少都会被提醒，若不改就有可能遭到抛弃。为了免遭抛弃，工人们就不会去“冒天下之大不韪”，而是采取“随大流”的做法。

国际知名指挥家小泽征尔曾经远赴欧洲参加交响乐指挥大赛。在决赛时，评委递给他一张乐谱。在演奏的过程中，小泽征尔敏锐地觉察到了乐曲中的不和谐音，刚开始他以为是演奏家的失误，就让乐队暂停下来重新演奏一次，结果仍觉得不顺畅。

此时，在场的评委们都认为那是他的错觉，并郑重声明乐谱完全没有问题。面对众多的音乐权威人士，小泽征尔难免对自己的判断产生了动摇。但是，经过深思熟虑，他仍坚信自己的判断，并大吼一声：“不，肯定是乐谱错了！”他的话音刚落，评委席上立即爆发出了热烈的掌声，祝贺他获得大赛冠军。原来，这是大赛中精心设计的“陷阱”，用以试探参赛的指挥家们在发现乐谱错误而权威人士又信誓旦旦的情况下能否相信和坚持自己的判断。

在没有足够的信息或者搜集不到准确信息的情况下，人们倾向于模仿他人的行为，从而回避风险和取得进展。但是，如果一味盲从，则可能人云亦云，失去个人的独特性、创造力，甚至机遇。

◆ 自拍，通常不是给自己看的——社会期许偏见

1982 年，美国政治家汤姆·布拉德利竞选加利福尼亚州州长。在民调过程中，大多数选民回答说他们将投票给布拉德利；然而，这位政治家最终却输给了他的对手。一些人认为，当选民们正在接受民意调查，询问他们是否打算投票给特定的候选人时，由于一些人不想给人留下负面印象，便会声称他们会投票，即使他们并没有这样做的意图。后人将之称为布拉德利效应。

“布拉德利效应”又称“社会期许偏见”，指人们倾向于向外界展示社会期望或者赞成的行为表现，同时隐藏外界社会不欣赏、不喜欢或不能容忍的方面。布拉德利效应便是社会期望偏见的一个典型例子。

在心理学领域，“社会期望”一词被用来描述人们自然地

希望别人以一种对自己有利的方式看待他们的倾向。当面对他人的提问时，一个人可能会觉得有必要以一种遵循社会规范的方式来回答问题，希望自己的回答符合在特定文化中普遍接受的信仰，或对社会中的其他人有吸引力。

“社会期许偏见”是人的一种自然本能。如果一个人认为自己可能无法被社会接受，那么他或她可能更愿意做出更能被社会接受的选择，这样他或她就不会被负面评判。

这种偏见通常在涉及潜在敏感的个人问题时最为普遍，例如，被问及是否有不良嗜好、性伴侣数量或种族问题时，访者可能受到社会禁忌的压力，会有意或无意地隐瞒或淡化实情或避免回答此类问题。

“快”比“慢”真：便利性偏见

我们的大脑需要制定可能影响生存、安全或成功机会的决策，并快速行动。为了尽可能高效，我们的大脑只能过滤掉大部分信息，简化概率和数字，只保留那些最重要和最有用的部分。只有在面对不同寻常的新信息时，我们才愿意放慢速度，调动大脑能量去进行思考。因此，相对于“慢”，“快”才是大脑的常态。

◆ 有一种冷，叫“妈妈觉得你冷”——锚定效应

想一想你会怎么来回答以下两个问题。

- 土耳其的人口数量是否超过 3500 万？
- 你估计土耳其的人口最接近多少？

如果你像大多数人一样，那么，第一个问题中所引用的数字将直接影响你对第二个问题的回答。其实 3500 万这一数字是我们随意选择的，土耳其 2022 年的人口数量已经超过 8500 万。在做出某项决策的过程中，我们的思维往往过于依赖我们最先收到的信息，而我们的最初印象、想法、预判和数据都会对后续的进展产生影响。

“锚定效应”也称为“聚焦效应”，指当人们需要对某个事件进行定量评估时，会使用某个特定值作为起始值，而起始值就像锚一样限制人们做出判断。在做出定量评估之时，人们会无意识地过多关注最初获得的信息。

我们发现经济和金融行业的许多现象都受到锚定效应的影响。例如，当前股价会受到过去股价的影响。股市中股票的价值不明确，人们很难判定其真实价值。在缺乏更多信息的情况下，通过锚定过往的价格来估计现在的价格，成为做

出最终判断的决定性因素。锚定效应也出现在定价的经济现象中，与宏观经济学中的“黏性价格”类似，人们常用过去的旧价格作为新价格的参考，使新价格更趋近于旧价格。某件商品的价值越是模糊不清，参考旧价格就变得越是重要，锚定旧价格便成为新价格的决定性因素。

常见的锚定形式有以下几种。

1. 以“首”为锚

先入为主效应，是一种对开始信息的记忆过于深刻的认知偏见。由于最先输入的信息会对后续的认知产生极大的影响，这种由首次印象引发的心理倾向，被人们称为“第一感觉”。

2. 以“今”为锚

人们常说：“如果它没有损坏，那就不要修理它。”大多数人不喜欢变化，我们往往倾向于维持现状或做出最少的改变。人们选择熟悉的食物、熟悉的环境、熟悉的品牌，虽然看起来更加安全，但这也会让人趋于保守。

3. 以“己”为锚

不知不觉地认为他人和自己有相似的感受、想法和价值观。以己度人或一厢情愿，认为自己具有某种特性，他人也一定会有与自己相同的特性，认为别人的想法跟自己是一致的，是一种将自己的情感、信念或假设投射到他人身上的认知偏见。

在日常生活中，左右人思考和判断的“锚定”形式多种多样，比如，电商标价的时候，通常会有一个被划掉的原价，那个原价就是让你觉得自己现在出手很划算的“锚”。“锚”也可能是同事不经意的评论、报纸上的统计数字，或是你自己关于人的肤色、口音、衣着的固定看法等。那些看似随机或偶然的事件就像“幽灵”一般挥之不去，深深烙印在人们的脑海之中，持续影响人们的思维和判断。

◆ 飞机出事后，你是不是不敢坐飞机了？——可得性启发法

当你劝说一个人戒烟时，对方可能认为吸烟对健康无害，原因是自己认识的某个人每天抽一包烟，结果还很长寿，活到了 90 岁。人们获得非常有限的信息，却会把特例视为普遍的“真理”。

当被问及乘坐火车和飞机哪个更安全时，很多人会说乘坐火车比飞机更加安全。其实，从客观的数据统计上来看，飞机发生事故的概率比火车发生事故的概率低得多，但飞机

一旦发生事故，各种媒体都会大肆报道，充斥人们的耳目。因此，人们比较两种交通方式的安全性时，便会立刻想起有关飞机的事故报道，从而认为乘坐火车更加安全。事实上，地面上的交通事故才应该是我们更加关注的事情，这才是我们每天都在面临的真正风险。所以，告诫自己不要酒后驾车和一边开车一边接电话，比担心自己乘坐的飞机坠毁更具实际意义。

类似地，有统计数据表明，死于自杀的人比死于谋杀的人要多。然而，大部分人认为谋杀更常见，为什么？最简单的解释就是对谋杀的报道很常见，因此得到了公众更多的关注。人们对各种死因的估计与其被报道的频率呈正相关，并且这种相关性独立于实际的发生频率。所以，由飞机事故、鲨鱼袭击、龙卷风、恐怖袭击引起的，以及其他被媒体大量报道的死亡数据被高估了，而诸如中风、胃癌、家务事故和涂料中毒之类的死亡数据则被低估了。

所以，人们的判断通常不是基于事实或者客观数据，而是依据热点新闻或者口口相传的故事来做出决定。通过体验而获得的信息存储于记忆中，以便于做判断时使用，这就产生了偏差。

“可得性启发”指高估记忆事件可能性的倾向，它受到记忆的远近程度、事件的罕见程度以及情绪化的影响，因而人们在做评价时更多依赖记忆中记住的信息而不是全部信息，并会认定这些容易觉知到或回想起的事件更常出现，以此作为判断的依据。

在高度变化和不确定性的商业环境中，许多领导者依靠直觉来做出重大决策。有些学者强调，领导者虽然可以利用直觉和常识来节省决策成本，但这种决策方式极容易出现较大的偏差。或许是对自己的经验过度自信，或许是因为周遭环境的易变性和复杂性，信息的透明度太低，而个人的精力和注意力又有限，人们才会运用直觉来做决定。

领导者倾向于从大量的信息中关注容易获得的或具代表性的证据和事件，而容易忽略其他信息。因此，即使领导者没有事先预设任何立场，既不过度乐观也不过度悲观，也可能因为信息不足或不够准确而失去判断的有效性。

◆ 谎言，说一千遍就是真理？—— 注意力偏见

我们先举几个生活中的实例。

- 1997 年，火星探路者号登陆火星（Mars），“Mars”一词的曝光率大增，Mars 饼干在那一年销量大增，而其

他饼干品牌的销量却并没有显著增长。

- 2017 年区块链概念流行，一家名为“长岛冰茶”的公司改名为“长岛区块链”公司，股价大涨 500%。
- 在酒吧，如果播放某个国家的音乐，那么相应国家的酒的销量就会上升。

“注意力偏见”指人们做决定时，受制于环境或情绪，将更多的注意力集中在某个特定的刺激或感觉线索上，导致对某个事件或记忆的不完整带来错误的判断。

卡尼曼等人曾在实验中提出了一个问题：加利福尼亚州的人是否比美国其他地区的人更幸福？

结果显示，大多数实验对象认为生活在加利福尼亚州的人比生活在美国其他地区的人更加幸福。美国其他地区的人都认为生活在阳光明媚下的加州人应该更加幸福，他们对加州人生活满意水平的预估高于自身，却忽略了其实有很多因素是更重要的影响幸福的因素，如犯罪率、环境污染等。事实表明，不同地区的人对自身的幸福感测量结果并无差异，他们的快乐程度相当。

突出的、醒目的、特别的事物往往更容易引起人们的注意，更容易让人记住，比如，用加粗加大的字体来突显重要性；通过图片来传达信息要比通过文字传达效果更好；幽默的事更容易被人们记住；押韵的语句被认为更加真实，会提升话语的可信度，等等。

当我们对一个事物进行总结判断时，如果过于重视或强调选定的细节特征（通常这些细节比较明显或与众不同），就会对这些细节特征赋予过多的权重，从而忽视“更大的图景”，导致决策错误。

◆ 自圆其说——证实偏见

一位知名世界级高管教练在一次记者采访时，被问及“在你见过的企业决策者中最常见的通病是什么”，他回答道：“他们‘对’得太多了。”他发现太多的领导者在进行业务决策时，总是先有自己的判断，然后在接下来的分析过程中，会乐于接受那些与其先前判断相一致的证据，如果得到的信息与其判断相左，便会质疑这些信息的准确性。也就是说，他们会寻找那些支持性证据，来“证实”自己的判断是多么地“英明”。

马瑟和约翰逊曾做过一个实验。他们要求实验的参与者从两名求职者中进行选择，实验结果表明，当被试被要求回忆时，他们更容易回忆起自己所接受的求职者的正面特质，同时，也更容易回忆起被自己所拒绝的求职者的负面特质。

“证实偏见”又称“确认偏见”“验证性偏见”，指人们往往倾向于关注和寻找可以支持自己想法或观点的信息，偏好支持自己想法或观点的证据，或者从能够支持自己想法或观点的方面用自己拥有的信息进行阐释。

“证实偏见”现象一般有以下五个特点：

1. 选择性地回忆；

2. 搜集支持自己观点的证据 / 细节；

3. 对支持自己观点的信息更加关注；

4. 忽略矛盾的信息；

5. 片面诠释信息，以支持自己的观点。

证实偏见可能是非常危险的，它会导致人们在拥有不完整信息的基础上做出非常糟糕的决定。比如，与实验者的期望不一致的数据可能被实验者丢弃，从而影响报告数据和研究结果。

人们普遍认为“证实偏见”会发生在受教育程度低、智力低、决策能力差的群体中，事实却相反，这种偏见更多发生在有经验、受教育程度高的群体中。大学教授、高管、位高权重者、成功人士等往往在“证实偏见”的泥沼中无法自拔。

◆ 以成败论英雄——结果偏见

史蒂夫·乔布斯作为苹果这个市值超过万亿美元的公司的创立者，表面上侃侃而谈，但在生活中却是个内向的人，他常常沉默寡言、独来独往，不喜欢与他人过多沟通，热衷于冥想、禅修等，由此，人们就认为内向的人更容易获得成功，掀起了禅修、冥想的潮流。

杰夫·贝索斯作为市值曾超过苹果的亚马逊公司的CEO，则是一个十分外向的人。他脾气暴躁，常常大发雷霆，甚至接受媒体采访时，会突然发出夸张的狂笑，由此，人们又会说外向者更适合当今这个时代，他们不仅主动积极，擅于人际交往，在生活中也轻松自在、多姿多彩，从而人们又开始渴望将自己塑造成一个外向的人。

人们渴望快速地出人头地，将各种快速成功法奉为宝典，把成功人士说的话当作人生定律，把他们的文章、演讲、格言掰开揉碎地学习。当所谓的成功人士告诉你“我的成功你可以复制”时，你照单全收，却发现自己并没有“粘贴”的地方。当你还在迷惑“为什么成功人士使用的方法，到我这里就失效了呢？”“为什么别人能成功，我却不可以呢？”，你早已跌入“结果偏见”的陷阱，却浑然不知。

“结果偏见”也称“结果效应”，指当决策结果与决策质量不存在实质性联系时，评估者仍根据结果信息评估决策质量，是一种不充分考虑做决策时的现实情况，仅以成败论英雄的倾向。换言之，当人们观察到成功的结果时，往往更关注结果而不是导致结果的（通常是看不见的）复杂过程。

成功的决策结果往往会让人们觉得那些支持该决策结果的论据看起来是那么具有代表性和说服力。但是，一个好的结果受到决策流程、执行以及偶然因素的影响，其中的不确定因素很多。采用良好决策流程，即使结果失败，也应该得到赞赏，因为失败仅仅是因为偶然因素；而那些采取糟糕的决策流程却取得良好结果的，不应该得到赞赏，因为可能仅仅是运气好，误打误撞而已。

现在，很多人坚信“结果为王”，似乎人们能做的就是要拿出一个又一个具有说服力、代表性的结果。我们看到一个人获得成功，就会立刻认为他过去所有的行为都是那么合情合理，之所以对“成功人士”有这样的心态，都是基于对方已经取得的成果。结果偏见让人对取得成功的人产生一种偏好，甚至是无条件的信任，就像有些上司觉得业绩好的员工说什么都是有道理的。

成功人士说的，不一定就是对的。

◆ 我们总是看到我们愿意看到的——信念偏见

如果前提是正确的话，你认为以下两个情境的结论是否符合逻辑？

情境一

前提 1：如果下雨，体育比赛就会被取消。

前提 2：没有下雨。

结论：体育比赛被取消。

情境二

前提 1：所有令人上瘾的东西都是昂贵的。

前提 2：有些香烟是便宜的。

结论：有些香烟是不令人上瘾的。

大部分的人认为第一个情境的结论是显然是错误的，因为它不符合逻辑推理。如果第二个情境的前提是正确的话，其结论应该是正确的，因此，在技术层面上第二个情境的逻辑过程是没有问题的。但是，很多人认为第二个情境的结论也是错误的，因为这与他们日常的认知不相符。

我们再来看另一个情境。

情境三

前提 1：所有有发动机的东西都需要油。

前提 2：汽车需要油。

结论：汽车有发动机。

由于人们受到前提条件中“汽车”的误导，把情境限定在了一种固定的模式之中，从而不自觉地开始针对“汽车”进行分析，难以看出上面的结论是错误的。

“汽车有发动机”，这是众所周知的事情，如果抛开前提条件，这个结论本身是没有问题的。但只要稍加思考，你就会发现放在上面的前提和推理中，这个结论是不成立的。油作为一种燃料，需要它的东西很多，比如燃油灯、锅炉等。如果你把情境三当中的“汽车”换成“燃油灯”的话，这个结论就会显得荒唐可笑。

“信念偏见”又称“信念固着”。人们评价论据是否合乎逻辑受到其结论可信度的影响，因为相信结论，所以相信其推理过程，认为其过程是有道理、合逻辑的。

信念偏见是一种极为常见但却影响重大的偏见形式，我们很容易被自己所持有的信念所蒙蔽，从而推导出错误的结论。即使逻辑本身是理性的、正确的，但我们坚守的信念却往往有不合逻辑的倾向。

研究表明，人们的推理和演绎并非一贯精确。在推理的过程中，人们倾向于认为那些基于个人信念而构建的现实世界的模型是合理的，而那些与之相悖的则被视为错误的。

当一个结论与人们对该问题的心理表征相匹配时，人们才更加倾向于接受和相信这个结论。一个人更有可能接受支持与自己的价值观、信仰和先前知识一致的结论的论据，同时拒绝对结论的反驳论据。

◆ 学好概率很重要——基本比率谬误

如果问你：是买纯净水的人多呢，还是买名牌香水的人多呢？

当然是买纯净水的人多，因为这个人群和需求概率是那么的显而易见。

如果这个问题对你来说简直不是问题的话，我们来看下一个问题：杰克已经退休，那么他更有可能是图书管理员还是推销员？

很多人对这个问题典型的反应是："哦，他更可能是一个图书管理员。因为图书管理员很可能会更早退休，而推销员通常需要四处奔波，所以，他是一个图书管理员的可能性更大。"

这种想法虽然听起来很合理，但事实上他更有可能是推销员。对这个问题的典型反应忽略了一个基本事实：男性推销员在人群中的比例比男性图书管理员高得多。统计数据显示，美国男性推销员的数量是男性图书管理员数量的上百倍。

我们再举一个例子。

小王是一个高瘦的男性，戴近视眼镜，喜欢莫扎特的音乐。根据这些描述，你认为下面哪种情况的可能性更大呢？

（A）小王是位卡车司机

（B）小王是位大学文学教授

很多人会选（B），但却是错误的。小王是卡车司机的可能性远比是大学文学教授要大得多，小王更可能是一位卡车司机——虽然他戴着眼镜又喜欢莫扎特的音乐。

为什么上述两个例子中大多数人都会选错呢？看似精确的描述常常会误导人们，使我们冷静的目光偏离了统计数据给出的真相。

“基本比率谬误”又称“基本概率忽视”，指对统计学上的基本比率不敏感导致的推论谬误，它导致人们忽视基本的（通用的、一般的）比率信息，而将更多的注意力放在某些特别情境下才适用的特别信息上，导致认知偏差。基本比率谬误是最常见的思维错误之一，在现实世界中，记者、经济学家和政治家常犯这种错误。

◆ 爱屋及乌——晕轮效应

《韩非子·说难》记录了这样的故事：卫灵公非常宠幸弄臣弥子瑕，有一次，当弥子瑕得知自己的母亲生病时，便连夜乘坐卫灵公的车偷偷跑回家。根据卫国法律，偷窃国君的车是要被处以刖刑、砍掉双脚的。不过卫灵公却对弥子瑕的孝心大加赞赏。还有一次，卫灵公与弥子瑕一同游桃园，弥子瑕摘了一个桃子吃，觉得很香甜，便把自己咬过的桃子递给卫灵公吃，卫灵公又夸赞其有爱君之心。但是后来，当弥子瑕年老之际，卫灵公便不再宠幸他了。卫灵公开始不喜欢他的外貌，进而不喜欢他的内在品质。曾被他夸赞过的这两件事情，也变成了弥子瑕的“欺君之罪”。

俗话说，“情人眼里出西施”“厌恶和尚，恨及袈裟”，其实都是晕轮效应的表现。

“晕轮效应”又被称为“光环效应”或“光圈效应”，指在人际感知中所形成的以偏概全、以点概面的主观判断。就像月亮的光晕向四围弥漫一样，一旦一个人的某种特质或一个事物的某种特性给你留下极为正面或负面的印象，那么在这种印象的影响下，你对这个人的其他特质或这个事物的其他特性的评价也会随之变高或者变低。

“晕轮效应”是由爱德华·桑戴克于20世纪20年代首次提出，理查德·尼斯贝特和提摩西·威尔森后来对这一现象进行了实证研究。在实验中，学生被分为两组，并分别看两段关于同一位教师（有很重的比利时口音）的不同视频。在第一个视频中，这位教师和蔼而友好地回答了一系列问题，显得热爱教学和学生，而在第二个视频中，这位教师则用冷酷而疏远的语气回答同样的问题，让人们觉得他更像是一个极不喜欢教学的权威人士。在两组学员分别看完各自不同的视频之后，要求他们对这位教师的外貌、语言特征，甚至口音进行评分。结果表明，看到第一个视频（“和蔼”形象教师）的学生认为这个教师更有吸引力，他的语言特征更受学生们喜欢，他的口音也听起来富有魅力。

“名人效应”是一种典型的光环效应，通过明星来代言产品，会让粉丝们“爱屋及乌”。一位作家一旦成名，以前压在箱子底的稿件全然不愁发表，以前无人问津的作品也会销量大增，这些都是晕轮效应的作用。

◆ 虎父有犬子——回归谬误

当一名学生在某次测验中得了100分，获得老师和家长的称赞之后，下次测验只得了95分，结果被批评，老师和家长甚至可能由此得出“夸奖会令人骄傲，导致成绩下降”的错误推论。老师和家长评价学生时，常常跌入“回归谬误”的陷阱，从而得出不公平的结论。

类似地，可能某体育明星登上了杂志封面后，下个赛季的表现变差了。能上杂志封面的体育明星，当时已处于巅峰状态或者超常发挥，相较于巅峰时刻，下个赛季更有可能因无法一直保持最佳状态而回归正常，但会让人感觉其表现变差了。但是其实他们不是变差了，只是从超常发挥的状态回归正常而已。

“回归谬误”也称“还原谬误”，是一种非形式谬误，系因未考虑统计学上随机起落的回归现象，造成不恰当的因果推论。人们的行为变化一般围绕平均值波动，即使我们偶尔会得到方差非常大的结果，但它始终会回归至平均值。然而，人们却经常忽视这一现象，从而不恰当地将偶然的意外视为必然的结果。

一个事物的数据走势有时会升，有时会降，但人们在进行评估时却常常忽略事物本身所具有的回归效应，却只归因于出现该结果前发生的某些事件，即使这些事件事实上对结果毫无影响。

人们常说“虎父无犬子”，但事实上“虎父有犬子”才是最为常见的。

◆ 一竿子打翻一船人——刻板印象

在一个著名的实验中，一名社会心理学家向两组被试展示了眼睛深陷、下巴突出的人物的照片。向两组被试介绍情况时，A 组被试被告知“这个人是个罪犯”，B 组被试则被告知“这个人是位著名的学者”，然后，要求两组被试分别对照片中的人物予以评价。A 组被试认为：深陷的眼睛表示他凶狠而狡猾，突出的下巴则反映了他固执的性格；反之，B 组的被试却认为：深陷的眼睛代表他深邃的思想，突出的下巴则反映了他顽强的探索精神。

人们对社会上不同类型的人有着一种固定的认知，所以当人们把他当作罪犯时，很自然地将他眼睛和下巴的特征归为凶猛、狡猾、顽固；但当人们把他当作学者看待时，同样的特征则归因于深邃的思想和坚忍不拔的意志。

“刻板印象”又称“刻板效应”“定性效应”，指人们按照群体类别或事物的所属类别判断其可能拥有的特质，但却忽略其独特性。由于我们对某类事物的具体特点形成了一种固定的认知，并把这种认知扩大化，认为此类群体或事物普遍具有这些特征，而忽视差异性和独特性，就像将心中刻好的模板套到每个个体身上。

在日常生活中，刻板印象的例子可谓比比皆是，地域、性别、年龄、职业等，都有可能成为将人进行机械归类的因素。比如，北方人是豪爽的，南方人是精明的；男性粗枝大叶，女性温柔细心；年轻人积极进取，老年人墨守成规；农民勤劳质朴，军人雷厉风行；等等。

刻板印象大大简化了人们的认知过程，人物或事物的一些特征首先被快速地归属于某一特定类型，又将该类型的典型特征归因于这些人物或事物，然后，再依此进行推理评判、得出结论。这容易阻碍人们去充分地了解对方，一旦形成不正确的刻板印象，再用这种定型思维去衡量人物或事物，就会造成认知偏差，正如“戴上有色眼镜”去看人。

刻板印象简化了人们的认知过程，将某些特征归因于某一特定类型的成员，并在此基础上进行推理和判断。

◆ 死人不会说话——幸存者偏见

在第二次世界大战中，美国哥伦比亚大学著名的统计学家沃德教授曾帮助英国空军解决事关飞行员生死的飞机装甲防护的难题。鉴于当时的航空技术，只能加强局部机体装甲，否则机体过重，会导致起飞困难或对操控反应迟钝。通过针对联军轰炸机的弹着点的对比数据分析，沃德教授发现，机翼是最容易被击中的部位，飞行员的座舱与机尾发动机部位是最不容易被击中的部位。然而，沃德教授却建议加固飞机上的这两个部位，正是因为在这两个部位发现的弹孔最少。沃德教授解释说，统计分析的样本只涵盖了平安返回的轰炸机，被多次击中机翼的轰炸机多数能够平安返航，而很少发现弹孔的部位——座舱与机尾发动机，并非中弹概率低，而是一旦中弹，安全返回的概率就很低。沃德教授指导英国皇家空军加强飞机防护的故事，就是纠正幸存者偏见的典型案例。当我们分析问题时，常常依赖“显著的信息”，而较少思考“不显著的信息”，甚至无视“沉默的信息”，那么，由此得出的结论极有可能与真实情况存在巨大差异。人们常用“看不见的弹痕更致命”“沉默的数据”等来类比幸存者偏见。

“幸存者偏见”又称“生存者偏差”，是一种常见的逻辑错误，指的是只关注经过筛选而得出的结果，而忽视了筛选的过程，因此漏掉了某些关键信息，从而做出错误的判断。

在日常生活中，“幸存者偏见”极为常见。例如，前些年有段时间，人们大谈“读书无用论”，因为他们看到有些人“没有学历，缺乏读书的经历，仍然可以当大老板、赚很多钱”，却看不到那些因为没有好好读书而生活困顿的人。我们经常看到取得成功的投资者谈论其投资经验和方法，这会让观众高估通过投资获得成功的概率，而忽略一个事实：那些使用同样的投资方法和技巧，但却遭遇失败的人是根本没有机会在电视节目中露脸的。

再比如，前些年“喝葡萄酒的人会长寿”的消息时常见诸报端，那是因为媒体采访和调查的对象是那些常饮用葡萄酒且健在的长寿老人，但是，还有更多经常饮用葡萄酒但不长寿的人已经去世了，媒体根本没有采访到他们。

◆ 为什么十赌九输——赌徒谬误

在事件的某一种可能性连续发生后，人们会认为另一种可能性在下一次“翻盘”的概率更大。比如，一晚上手气都不好的赌徒总是相信“风水轮流转”，“霉运”快到尽头，再过几轮幸运必将降临。

针对银行贷款的研究表明，贷款申请的批准取决于审核者查看贷款申请的时间和顺序。如果审查员连续批准三份贷款申请，则无论申请本身的情况如何，审查员更有可能拒绝后面的贷款申请。相反，如果审查员连续拒绝了多份贷款申请，那么后续他们很可能会错误地批准不应批准的贷款申请。

“赌徒谬误”指的是人们会错误地认为一个随机事件发生

的概率与之前发生的事件相关，即认为某一事件发生的概率会随着前面未发生该事件的次数增加而上升。

然而，“认为连续十次抛硬币都是正面，所以第十一次是背面的概率很大”是错误的想法，实际上每次抛硬币都是独立随机事件，结果相互不会影响。卡尼曼和特沃斯基将这一偏差戏称为“小数定律”。

“大数定律”是统计学和经济学的一条重要规律，也是随机变量在大规模重复性实验中所呈现出的必然规律，而且样本越大，其期望值的偏差越小。举例来说，抛掷硬币后出现硬币正面的概率是 50%，但如果仅是抛掷硬币一次，出现正面的概率是 0 或 100%（与 50% 相差甚远）。随着硬币抛掷次数的持续增加（样本量的持续增大），出现正面的概率便更为接近 50%。然而，认知心理学的“小数定律”揭示，人们往往会忽视样本量的多少，错误地认为小样本量和大样本量具有相同的概率。

“我”比“你”对：经验性偏见

如果没有在面对不确定性时迅速采取行动的能力，我们肯定会成为在很久以前就灭亡的物种。为了快速采取行动，我们需要对自己的能力、行动效率和影响力充满信心，并认为自己所做的事情很重要。因此，我们常会产生“我”（自己）比“你”（他人）对的错觉。

◆ 我是勤奋的天才，而你只是走运——基本归因误差

当一名销售员的业绩不佳时，其上司往往更倾向于将这种结果归因于当事人努力不足而非竞争对手的策略或其他环境因素。又如，由于天气原因，我们会认为自己看电影迟到是完全可以理解的，因为天气是自己无法控制的；然而，我们却并没有同样地去看待其他迟到的人，尽管自己并不知道对方迟到的真正原因，但心里仍然认为对方是个不遵守时间的人。

当有“好事”发生在自己身上，人们总是倾向于将之归因于自己的努力，而当有“坏事”发生在自己身上，人们却常常归因于社会的不公平或他人的偏见。

“*基本归因误差*”是指人们在审视某些行为或结果的原因时，有高估个人因素和低估情境因素的双重倾向，也就是说，人们经常将他人的行为或结果归咎于个性、态度等内在特征，而忽视了外部情境的重要性。

产生这种认知偏见的第一个原因或许是：相较于外部复

杂的环境因素，当事人的行为是最容易获取的信息。当事人的言行举止很容易被观察，商业环境、社会角色、动态情境等外部因素则不易被关注和观察，于是，我们就忽视了这些外部因素的影响，而过多地强调个人自身的原因。

第二个可能的原因是：我们有一种基本的信念，觉得个人应该对自己的行为负责，例如，说到做到、好借好还、互利互惠等。于是，在分析行为的原因时，我们便自然地追溯到个人因素上。因此，人们总是倾向于相信一个人的人生境遇与个人付出的努力有着极强的因果关系。

第三个可能的原因是：旁观者与当事人的视角差异。旁观者往往站在一个理想的角度，从常规的逻辑出发，一旦发现问题，就归因于行为实施者的个人因素。当事人则会更多地从现实情境的复杂性和变化性的角度，强调行为或结果的特殊性。如借东西未及时归还是因为太忙，没找到合适的时间；未及时向朋友提供帮助是因为突然有急事走不开等。

由此可见，“基本归因误差”是导致人际冲突的重要原因之一。

◆ 事后诸葛亮——事后诸葛偏差

在社会认知中，很多人都是“事后诸葛亮”，即通常在事情发生之后，认为自己预先的判断特别准确，即便事实并非如此。比如，先让一些人预测一场足球比赛的结果，大家猜测 A 队获胜的概率更高，结果却是 B 队获胜，但是，比赛过后，让大家试着回忆自己当初预判了哪个足球队获胜时，多数人都认为自己事先就认为 B 队能够取胜。再如，之前对某个人有某种评价，但当这个人做出与之前的评价不同的行为之后，却会说："你看，我早就知道他是这样的人。"

引发公众关注的事件中也常出现类似的现象。当热点事件爆发时，许多文章都会做出报道，使用各种证据和分析来表明事件的发生是预料之中的，使得人们在看完文章之后有恍然大悟之感。对于自己犯过的错误或错失的机会，当人们回头来看时，总会觉得原来早已有那么多的征兆和信号可以帮助自己"躲过一劫"，认为自己是那么地愚蠢。

"事后诸葛偏差"也称"事后偏见"或"后见之明"，指个人在面临不确定的事件或未知的信息时，倾向于过高地评价自己的预判，进而产生与事实不符的认知偏差。在事情发生之后，却说自己早已预料到，以为自己事前就能预测事情的发生与发展。这就是我们常说的"马后炮"或"事后诸葛亮"。

那些幸运的冒险家们常常会"事后诸葛亮"，强调自己的直觉是多么准确，做出的决策是多么明智，从而强化他们个人的积极感受。然而，这正是许多组织中的领导者真正面临的风险之一。人们常将领导力与杀伐决断的风格联系在一起，这种认知常常促使领导者做出仓促的决策，以免被自己的下属贴上犹豫不决或优柔寡断的标签。

后视偏见并非人们在他人面前的一种故意行为，即使是个人在独处情况下说出自己原先的知觉时，这种现象也常常发生。它是一种真正的记忆扭曲，暗示了个人在社会知觉中不由自主地倾向于认为自己的判断是正确的。

◆ 魔镜魔镜，告诉我谁是世界上最漂亮的人——过度自信效应

大量的实证研究表明，过度自信是一种普遍存在于人群的认知偏差。根据瑞典的一项研究调查，90% 的司机认为自己的驾驶技术高于平均水平。美国小企业生存 5 年以上的概率是 35%，但 81% 的小企业创始人却认为自己成功的概率是 70% 或更高，有 33% 的人甚至认为自己的失败概率为零。

“过度自信效应”又称“自负效应”。由于根深蒂固的偏见，决策者认为他们所拥有知识和经验的有效性和适用性要比实际更高，这往往会导致他们对事件概率的极端估计。换

句话说，过度自信的决策者往往高估自己决策的正确性，或者有不切实际的自我正面评价。我们常常相信自己较他人更为优越，这种高估自己优势的心理错觉，让决策者充满不切实际的想象，甚至造成一切尽在掌握中的错觉，无法形成对当下局势的正确感知。

研究显示，某些特定的群体更容易跌入“过度自信”的误区。举例来说，投资者往往认为他人的投资决策是非理性的，而自己的投资决策是理性的，是基于真实数据和客观信息的研究分析的，然而，事实却并非如此。经济学家布拉德·巴伯和特伦斯·奥丁的研究表明，在很多领域，男性常常对自己的实际能力有着过高的估计。在 1991 年至 1997 年间，他们以年度交易额作为指标，对 38 000 名投资者的投资行为进行了研究，发现男性投资者的年度交易量普遍比女性投资者高出 20% 及以上，但投资回报率却较女性投资者略低。数据表明，过度自信的投资者在市场上的交易更加频繁，年度交易量呈现较高的水平，然而，过度自信导致的频繁交易并不能让投资者获得更高的收益回报。

另一项研究选取了 1991 年至 1996 年间的 78 000 名投资者，结果发现年度交易量较高的投资者的实际投资回报率较低，而且过度自信的投资者更愿意承担更高的风险而较少关注其交易成本，这也是其投资回报率较正常水平低的原因。因此，对于男性决策者来说，过度自信会导致自我蒙蔽和过度冒险，使他们在资本投资和战略决策方面容易产生失误。

卡尼曼强调，过度自信是由于投资者对随机事件的错误估计，也就是说高估了小概率事件发生的可能性，而低估了中高概率事件发生的可能性，这正是各种赌博行为的心理基础。在进行决策的过程中，过度自信的人会高估那些明显且引人注目的信息（特别是这些信息与自己持有的信念相一致时），收集支持自己信念的信息。当自己的某些想法得到关键的信息或例子的支持时，人们会变得更为自信，并过度关注这些想法。反之，即使面对相关性强、简洁有力、基于数据统计的信息，如果它们不支持自己的想法，这些信息往往也会被低估甚至忽略，从而导致错误的判断和决定。

此外，过度自信的人往往是事后诸葛亮，倾向于夸大其预测的准确性，尤其是期望的结果实际得以发生时，往往会强化这种认知和判断上的错觉。成功人士将自己的成功归因于自己的知识和个人能力，而将失败归因于无法掌控的外部因素，这种归因倾向进一步加重了成功者“过度自信”的认知偏见。然而，很多统计数据都表明，很多事件的发生纯粹是因为运气或偶然因素。

正如，卡尼曼在其《思考，快与慢》一书中提到的：“我们中的大多数人都认为世界是美好的，但世界却没有想象般美好；我们觉得自己的贡献很大，但事实上并没有那么大；我们认为自己设定的目标很容易实现，但其实实现的可能性也没有那么大。我们还容易夸大自己预测未来的能力，进而导致乐观的过度自信，这可能会影响到决策。”

◆ 再婚是希望战胜了经验——乐观偏见

大多数学生对“好事”发生在他们身上的预测概率高于平均水平，而对“坏事”发生在他们身上的预测概率则低于平均水平。换句话说，大多数人都认为相较于其他人，自己更有可能拥有自己的房子，而更不可能患上癌症、经历离婚。

“乐观偏见”指人会低估负面事件发生在自己身上的可能性，不论肤色、性别或年龄，乐观偏见都相当普遍。由于过于乐观，人们高估了“好事”发生的可能性，更愿意相信事情总是会向好的方面发展。

由于自我中心主义的作用，人们在预测未来事件发生在自己身上的可能性时，一般会把更多的注意力放在自己身上，因而更容易获得与自己相关的信息，这些信息也更容易被理解和自动回忆起来。人们很少注意到他人的信息，从而导致在判断时产生乐观偏见。

另外，当人们面临可能遭遇的消极事件时，很容易产生紧张、焦虑、恐惧等负性情绪并感到自尊受到威胁。因此，一个人可能会采用防御策略来避免或减少负面情绪，不仅是为了自我保护，也是为了维护自尊。人们通常对负面事件采取否认否定、拒绝接受、扭曲理解等防御性策略，认为小概率的“倒霉”要比普遍的“不幸”更不容易发生在自己身上。如相较于在路上被汽车撞倒，人们会认为自己更不可能被闪电击中。

需要强调的是，具有高自我效能感的人在面对一些消极的事件时，会认为自己有较强的掌控局势的能力，从而表现出更强的乐观偏见；在进行风险判断和决策的过程中，过度自信的人极易忽视负面事件发生的可能性及其带来的风险，从而导致更强的乐观偏见。

“近”比“远”美：距离性偏见

在完成一件事情的过程中，为了聚焦能量、保持专注，我们会更重视当前的事物，并且更多地关注特定个体而不是匿名的个人或群体。因此，我们倾向于“近”（眼前的、相关的）的事情，超过“远”（延迟满足和遥远的）的事情。

◆ **家有敝帚，享之千金——禀赋效应**

如果有两样东西供你选择，一样是白瓷的咖啡杯，另一样是一块瑞士巧克力，它们的市场价格基本是相同的，你会选哪个呢?

或许你的回答是“无所谓”或者是“随便”。

此时，如果有人将咖啡杯和巧克力分配到你和其他人的手上，然后再询问人们是否愿意将手中的巧克力或咖啡杯与他人交换，会是怎样的结果呢?

如果人们对咖啡杯和巧克力并没有明显的个人偏好的话，那么相互交换成功的概率应该是50%，但研究结果显示并非如此。

根据加拿大西蒙弗雷泽大学的经济学家杰克·奈奇教授的实验数据，在拿到咖啡杯的人当中，只有11%的人选择用自己的咖啡杯交换巧克力；类似地，事先拿到巧克力的人当中，也只有10%愿意交换咖啡杯。也就是说，大多数人认为自己手中的东西比他人手中的更好，所以不愿意和他人进行交换。

很显然，大部分人都相信自己拥有的东西要比即将交换的东西更有价值。正是这种所有权的变化，改变了我们对事物价值的认知。

“禀赋效应”又称“敝帚自珍效应”，指一个人一旦拥有了某物品，那么他/她便对该物品的价值赋予更高的价值，这一价值要比拥有之前大为提升，人总是认为自己的东西是最好的，因而不愿失去或放弃它。

传统经济理论认为，人们为获得某件特定物品而愿意支付的价格与他们失去已拥有的同一件物品所需的赔偿之间没有区别，即不论自己的身份是买方或卖方，自己对商品价值的评估是一致的。然而，与之相悖的是，理查德·塞勒（2017年诺贝尔经济学奖得主）提出的“禀赋效应”理论主张人们一旦拥有某件东西，便会高估它的价值，认为自己拥有的东西比别人拥有的同样的东西价值高。

禀赋效应在房地产市场上表现得尤为明显。卖家对其房价的预估往往高于市场价格，这是因为卖家对自己的房子有一种特殊的感情，于是认为潜在的买家应该一并支付这份情感的价值——这当然是荒谬的。

生活中的很多实例向我们揭示了人们对价值的主观判断：某件东西究竟价值几何，更多地取决于我们的身份或立场。因此，不必责备卖家索价过高，如果换作我们自己，恐怕也不会有所不同。

◆ 锻炼很好，但我更喜欢“躺平”——现时偏见

想象一下，你有两个选择：

A：立即获得 100 元；

B：一周后获得 120 元；

你会选择哪一个？

再想象一下，你有两个选择：

A：一年后获得 100 元；

B：一年又一周后获得 120 元；

你会选择哪一个？

在第一种情况下，大多数人会选 A。人们宁愿要相对较少的眼前收入，也不愿等待数额更多的日后报酬。也就是说，在做决定时，多数人宁愿放弃长期但更多的收益，而更愿意选择短期却较少的收益。这或许应验了俗语：“双鸟在林，不如一鸟在手。”

在第二种情况下，大多数人会选 B。随着时间的推移，人们对收益的感知呈下降趋势，人们通常短期内急躁冲动，但做长期计划时却颇具耐心。

“现时偏见”又称“当下偏见”或“双曲贴现”，是指人

们更关注眼前利益而不是长远利益，相对于未来的回报，更倾向于现在的回报。得到利益前的延迟越长，对利益的价值评估便打更多折扣，两者的关系近似于双曲线。

生活中的很多例子可以印证“现时偏见”所指出的人们在决策时更倾向于眼前利益而非长远利益的结论。我们每天都在下决心说要多读书，多学习，少玩游戏，但在闲下来时，就会忘了以前的决心，选择玩游戏而不是读书。游戏很有趣，让我们立刻获得快感，这是现在的价值，而看书获得的价值比较远。

现时偏见较强的决策者担心仓促决策所带来的风险，尽可能避免不确定性，并寻求固定收益，他们相信如果判断失误，付出的代价可能比不做任何决策更大。变化可能会更好，但更有可能变得更糟，因此，他们宁可维持现状、裹足不前，而不愿面对模糊的前景冒险。

尤其在战略转型的过程中，企业需要告别过去、开创未来，现状偏见会成为转型失败的心理障碍。企业现有的市场优势越明显、在行业内竞争力越强、组织规模越大、先前的技术积累越雄厚，企业就越难以放下过去的成功经验，越难以为未来企业的可持续性发展而果断放弃成熟的发展路径，最后可能错失下一步跃迁的良机。只有勇于向过去告别，只有乐于摆脱现状的组织，才能最终转型成功，成为新赛道上的领跑者。

决策偏见的重叠效应

单独的认知偏见固然可怕，但最为棘手的是多个认知偏见重复叠加而产生的乘数效应。比如，“可得性启发”让我们坚信唾手可得的信息，而一旦我们相信某事是真的，“证实偏见”进一步让我们对“例外”视而不见，即便“例外”的情况已经呈现出显著的、趋势性的态势，随后，“过度自信”又让我们对有效地识别这些偏见变得不可能。

在多个决策偏见的重叠影响之下，最终的决策质量会是怎样的，也就不言而喻了。

通常来说，偏见不是一个问题，它可能在有些时候是件好事，因为你需要“偏见”来完成日常的任务流程。如果在购物时，对每样东西都重新进行决策的话，你可能永远也不能下单了。

然而，当你做出一些关键的决策，比如决定应该雇佣谁或需要做出商业决策时，如果你放任无意识偏见的话，将导致极其严重的后果。我们需要做的是，在面临重大的决策机会，如招募或投资时，需要尽可能地减少无意识偏见产生的影响，做出更为明智的决定。

人人都有偏见。如果你不承认自己有偏见，那么你可能比你以为的更有偏见。

游戏 1 答案：

JGF GPFAM JS CQQD

游戏 2 答案：

第 19 天。

游戏 3 答案：

如果笔记本的价格为 1.0 元，铅笔的价格为 0.1 元，那么它们之间的差价为 0.9 元，而非 1.0 元。如果笔记本的价格为 1.05，铅笔的价格为 0.05 元，那么差价则为 1.0 元。

知行合一

- 在你的日常决策中，最易遭遇哪些“决策天敌”？
- 这些“决策天敌”对你的决策质量与结果产生了怎样的影响？
- 你会如何应对这些“决策天敌”？

决策的生理机制

与其说人类是“会感受的理性动物”，不如说人类是“会思考的感性动物”。

——吉尔·波特·泰勒

决策的故事

1848 年 9 月的一天，在佛蒙特州铁路建筑工地上突发一起意外。当时谁也没有想到，这次事故会成为神经科学研究史上的重要事件。年仅 25 岁的铁路工人菲尼斯·盖奇用一根铁钎夯实火药时，激起的火花引爆了洞中的火药，一根 1 米长的铁钎在爆炸威力的推动下，瞬间贯穿了他的头部。事后人们在距事故现场约 10 米远的地方找到了这根铁钎，铁钎上沾满了血液和脑浆。令人惊讶的是，盖奇居然在这次可怕的事故中活了下来，当医生赶到现场时，他甚至还对医生说："这可有您忙的了。"盖奇不久之后就恢复了意识，甚至不到一个月的时间便"康复"了，能够下地行走，并很快就回到了工作岗位，当时他也没有表现出明显的后遗症。盖奇成了知名人士，他加入马戏团，和那根刺穿他头部的铁钎一起演出，在全国进行了一段时间的巡演。

但接下来的几个月里，他周围的同事、好友和家人开始注意到了他的情感和个性都发生了明显的改变。盖奇以前勤奋且有礼貌，但现在变得失去理智、脾气暴躁、满嘴脏话，还开始性骚扰所遇到的女性。认识他的人都说他像是换了一个人似的，觉得他不再是盖奇了。一首没有题目的顺口溜描述了这件事的始末：“他的名字叫盖奇，对人和气讲道理，每天劳作在工地。意外爆炸生变故，铁钎插进他脑里，怎料从此变了样，爱酒爱赌发脾气！”盖奇在巡回演出后定居下来，并在马房找了一份马夫的工作。1860年，他开始出现癫痫抽搐症状，并于几个月后在旧金山离世。后来的研究证实，铁钎损毁了盖奇的内侧前额叶皮质。如果前额叶皮质严重受损，会让人几乎失去表达情绪的能力、丧失理性判断能力和控制能力。

决策的生理机制吸引了诸多经济学家、心理学家和神经科学家的目光，并成为极具吸引力的研究领域。研究的目的在于理解人们处理多重选项过程中的底层逻辑以及选择最优的行动路径。一个最根本的问题是为什么人们在面临同样选项的情况下，却做出迥异的选择？以及认知过程和神经学过程是如何发挥作用的？为什么理性模型，诸如经济学和经典决策理论，不能总是准确地预测个体行为（尤其是在充满风险、不确定性和模糊性的情况下）？

大脑是如何进行决策的，这是一个极其复杂的问题。决策到底是在大脑的哪个区域发生的呢？认知神经科学的研究显示，大脑的额叶、顶叶、颞叶和枕叶均与决策过程紧密相关，人类的决策过程涉及诸多极其复杂的神经处理过程。

让我们了解一下大脑的基本结构，以及决策的心理机制——人类推理、估计和预测未知事件的能力。

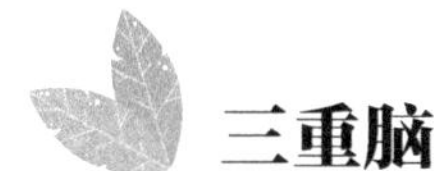

三重脑

一位叫保罗·D. 麦克林的美国神经科学家于 1949 年提出“三位一体”的大脑进化理论，即三重脑的概念——它包括爬行脑、情绪脑、理性脑。作为不同进化阶段的产物，三重脑类似于考古遗址：挖得越深，脑演化级别的历史年代就越久远，在脑演化的过程中，最早演化出的部位出现在最底层，比如小脑和脑干，而脑的新结构层则位于旧结构层上面，依次叠加。麦克林站在生物进化的角度上对人类大脑结构的起源进行了生动的假想，促使人们以更广阔的视角来看待大脑的结构和功能，以及两者之间的关系，同时也激发了神经科学家们对大脑功能的新思考。

爬行脑

爬行脑是大脑中最古老的部分，又称“蜥蜴脑”，在 2.5 亿年前便停止进化。对爬行动物等较早演化出来的动物（如鳄鱼）而言，它们的大脑主要控制基本的与生存及繁衍有关的事——心跳、呼吸、觅食、睡眠、体温调节、警觉、攻击、繁殖等。爬行脑的主要构成部分为小脑和脑干，全脑图示见图 3-1。人类的爬行脑其实与爬行动物并无二致，它负责我们基本的生存问题和所有本能的行为（呼吸、吃饭、睡觉和性交都由它掌管）。当然在遭遇危险，比如碰上一头猛兽时，它也需要决定到底是要搏斗、逃跑还是装死。

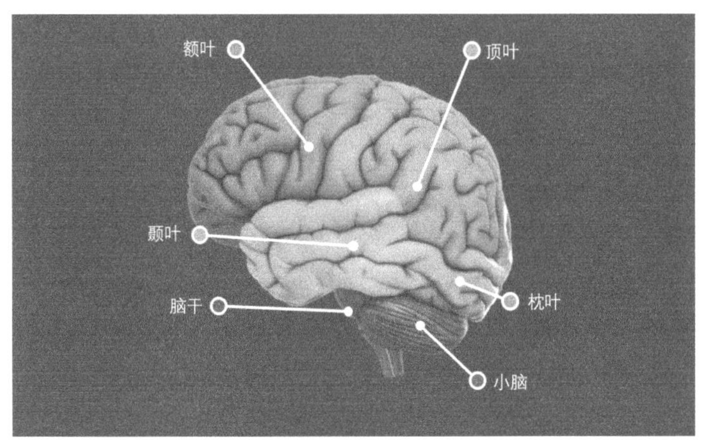

图 3-1　全脑图示

（图片来源：Cold Spring Harbor Laboratory, DNA Learning Center。）

○ 情绪脑

与冷血、自利、不合群的爬行动物不同，哺乳动物已经进化出了有关爱的大脑结构与神经回路，它们会照顾下一代，过着群居生活。在进化的过程中，哺乳动物的脑以爬行脑为核心，演化出更有利于生存的结构，麦克林将之命名为“边缘系统”——即“情绪脑”，见图 3-2。它是大脑内调控情绪、行为和短期记忆等功能的神经结构的总称。与其相关的主要脑区包括上丘脑、下丘脑、海马体和杏仁核。

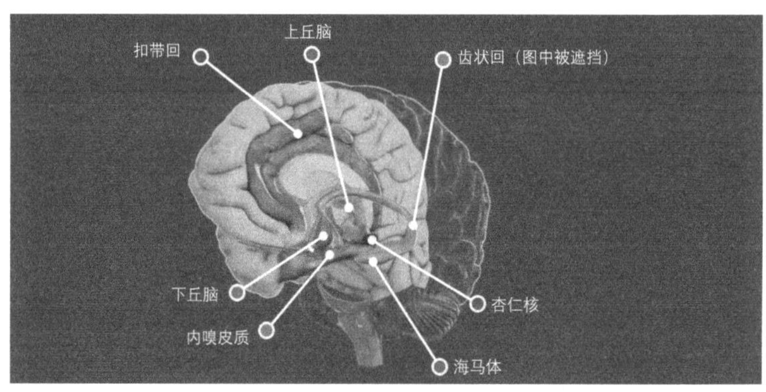

图 3-2　边缘系统

（图片来源：Cold Spring Harbor Laboratory，DNA Learning Center。）

情绪脑在 5000 万年前开始进化，它最主要的功能是评估威胁和产生情绪。它时刻都在对接收到的所有信息做出判断，遵循的准则就是：是否安全、是否喜欢。安全的、喜欢的就靠近，不安全、不喜欢的就躲避。

○ 理性脑

大脑中最后演化出的部分是象征智慧的“大脑皮层”它是在灵长类动物（猴、猿和人类）出现后（400 万年前）才显著进化出来的负责较高级思考的脑区，它是一个理性的脑区，具有高阶认知功能，主要负责人类的各种高级认知机能，如言语、记忆、判断、推理、计划、组织等各种有意识的行为。通过分析和综合各种信息，它会做出符合社会规范的行为指令，对人的行为和思维具有监管功能。同时，它也是名副其实的“发明创造之母”“抽象思维之父”。

“前额叶皮质”位于额叶的最前端，在人类大脑的演化进程中，它出现的时间最晚，但却是大脑最为关键的“决策中心”，计划、记忆、决策、执行等都是其最主要的功能。它就像指挥官，会根据过去和现在进行逻辑推理，预测未来并加以准备。可以说，如果大脑是人的 CEO，那么前额叶皮质则是大脑的 CEO，是“大脑中的大脑”。前额叶皮质往往被称为“文明的器官”——是制造工具、人类进步的关键所在，通常被定义为人类文明发起的先决条件。

前额叶皮质也是大脑中最后发育成熟的部分，青少年常常情绪化、易冲动，寻求新的快感和刺激，无法做出理性决策，常常做出危险举动。人们通常认为这个负责多任务处理的脑区在人们16或17岁时才会发育成熟，而后来的研究表明，女生要到25岁、男性则要到30岁或30岁出头，前额叶皮质才得以发育成熟。然而，这个最晚发育的部位却是最早开始衰退的，衰退的征兆往往从50岁左右开始出现，认知的衰退会影响思维与记忆。

自20世纪80年代一系列新的神经解剖技术的兴起和应用以来，“三重脑”这一假想逐渐不再受到大多数神经科学家们的支持。虽然这种分法简洁易懂，深受大众的欢迎，但神经科学领域的专家们对这种简单的分法颇有微词。

大脑的四项基本原则

了解大脑的组织结构（即“硬件”），是探索大脑奥秘的首要步骤，然而，我们所看到的“硬件”更像是一张张静止的截图，静止的结构能够给予我们的提示还是太少，我们更想了解的是，在瞬息万变的环境中，大脑是如何灵活自如地与周遭的一切进行互动和反应的。

基于神经科学的研究成果与文献综述，我总结了“大脑四项基本原则”：阴阳大脑、安全大脑、社交大脑、可塑大脑。这些基本原则不仅能帮助我们更好地理解大脑是如何进行决策的，为什么无意识的决策偏见使我们陷入“沼泽”中而难以自拔，还能帮助我们更好地思考应对的方法。

阴阳大脑

自古希腊以来，西方的哲学思想被认为是基于一个共同的假设：人类是理性的，即人们在进行决策的过程中，总会有意识地分析各种可选方案，在经过仔细权衡利弊之后，才能做出最符合自身利益需求的决定。1776 年，英国古典经济学家亚当·斯密在他的旷世巨著《国富论》中写道：“我们每天所需要的食物和饮料，不是出自屠户、酿酒家和面包师的恩惠，而是出于他们自利的打算。我们不说唤起他们利他心的话，而说唤起他们利己心的话，我们不说我们自己需要，而说对他们有好处。”他相信人是趋利避害的，会遵循“利益最大化，损失最小化”的原则去行动。如果相对于金钱，人们更需要面包的话，人们就会用金钱去买面包；如果面包师更需要金钱的话，他就会通过出售面包而获得金钱。

然而，事实证明，大自然并没有将人类设计成绝对的理性动物。人们开始发现：我们的思维过程其实是有迹可循的，我们对事物的判断和决策，并不像我们所认为的那么准确。弗洛伊德在100多年前便提出了“潜意识”（或无意识）这一概念，但实际上到了20世纪，人们才开始接受和认同这样一个事实：内心的潜在力量远比我们实际意识到的要复杂得多。在生活的大部分时间里，我们都处于“自动驾驶状态”，只有在陌生或当紧急情况发生时，我们才会有意识地集中注意力。

丹尼尔·卡尼曼和阿莫斯·特沃斯基（1979）的一系列研究则进一步剥去了古典经济学中“理性人”假设的外衣，行为决策的崭新领域开始逐渐吸引人们的目光，引起人们的极大关注。他们相信人类的思维包括两个关系紧密的心智系统：系统1和系统2。系统1的特点是无意识的、自动的、快的，同时也是容易受情绪影响的“热”系统，这种直觉式思维，通常会干扰人们的判断；系统2的特点则是相对慢的，但却是有意识的、更加理性和慎思的“冷”系统，能修正系统1产生的错误。

在系统1中，纹状体、杏仁核、眶额皮层、脑岛和内侧前额叶负责处理编码价值、风险等与情绪等相关的信息。而系统 2 中的背外侧前额叶、前额叶前部和顶叶后部则掌管人们的理性认知，以及对系统 1 的调控。当我们处理一些较为复杂的问题，如做数学题、演绎推理，或规划人生时，不会仅仅依赖感性的系统 1，同时会运行理性的系统 2。同时，系统 2 也是我们大脑中的“刹车系统”，在这套系统之上，人们对真实环境进行理性评估和判断。如果系统 2 受到抑制，会产生很多负面后果，除了情绪失控，高级思维与执行的能力也会受损。但是，它最大的缺点就是，相较于系统 1，它的速度慢、效率低、精力有限。

大脑在每一秒过滤的信息量都大得让人难以置信，然而，意识大脑只会涉及其中很少的一部分，而大部分都提前经过了无意识大脑的严格把关。大脑的无意识网络（系统 1/“热”系统）对决策产生的影响要远远超过意识网络（系统 2/“冷”系统），在高速运转的无意识大脑面前，意识大脑慢得根本跟不上。当代的神经科学研究表明，大脑每秒传递的信息多达 11,000,000 条，其中有意识的信息可能却只占 40 条！几乎所有的认知、情感或运动过程都受到人们主动意识控制之外的自动调节影响。可以说，大脑中的大部分加工过程都是无意识的，无意识在驱动我们。“意识”仅仅是浮出海面的冰山一角，“无意识”则是看不见的水面以下的大部分山体，它记录着我们的经历、信念、假设以及局限，并指挥着我们的情绪和行动。

成年人每天平均要做大约 35,000 个决策，与吃相关的就有 226.7 个。真正的挑战在于，大脑的认知资源极其有限，无法做到每时每刻调动大量的认知资源去应对变幻莫测的各种情境，仅是做出一个简单的、有意识的决策便会消耗掉惊人的心理能量。为节省认知成本，大脑进化出了很多种“偏见”，通过直观推断、习惯和先前掌握的规律来做出快速决策，以最少的努力来应对外面的世界。

偏见的英文“bias”一词来源于希腊语“对角线”——A 到 B 的最短距离，即“心理捷径”。缺少了这些心理捷径，大脑终将筋疲力尽。理性决策中心——“大脑前额叶皮质”，极为高效但却极易疲劳。它向你的大脑前额叶皮质征询决策建议，如同向最顶尖的咨询公司征求战略建议一样，或许你会得到极具价值的咨询建议，但也会花费不菲。

我们身处的这个时代，信息的发达程度史无前例，特别是近几十年来互联网及社交媒体的发展，信息过载已经成为现代人的生活常态，使得大脑不堪重负。为了不让我们受到外界噪声的过度干扰，大脑存在一种将普通信息自动屏蔽的注意力过滤机制。如何突破这个注意力过滤机制呢？最好的办法就是利用人的情绪本能，只有那些能引起人的情绪反应的信息才能够通过这种过滤机制，引起人们的特别注意。我们做选择强烈地依赖于系统 1，而系统 1 与我们的情绪脑（边缘系统）在很大程度上是一回事。无论在任何时候做任何决定，大脑中总是会充斥着各种莫名的情绪，内心也总会泛起波澜。

在法庭上，法官会先冷静地听取证据，然后权衡其有效性，再判断被告是否有罪。而律师的角色则截然不同，他们的任务就是证明客户是无辜的。在决策的过程中，我们的论证过程更像是律师，而非法官。我们的情绪就是客户，而大脑就扮演了那个无所不用其极的律师，为它的决策辩护，而掩盖了情绪真正的痕迹。因此，神经解剖学家吉尔·波特·泰勒强调："与其说人类是'会感受的理性动物'，不如说人类是'会思考的感性动物'。"

卡尼曼和特沃斯基的双系统理论认为决策是系统 1 和系统 2 权衡的结果。增加"热"系统的激活程度，会降低"冷"系统的运行速度，反之，激活"冷"系统，则会帮助抑制"热"系统。在 1848 年，铁钎插入菲尼斯·盖奇的大脑，损毁了其内侧前额叶皮质。虽然经医治后，他并没有生命危险，但周围的人都发现其情感与个性都发生了明显的改变。前额叶皮质严重受损，会让人几乎丧失理性判断能力、控制能力，以及管理情绪的能力。

虽然，有研究者强调双系统分离、对立的思想过于简化了情绪与决策的关系和运作机制，他们建议运用多维调节神经网络来进一步研究，但是，总体来说，情绪调节可能就是通过对杏仁核、纹状体、脑岛、前额叶等脑区的激活水平的调控，以及相应的神经网络得以实现的。

决策研究者通常不喜欢直觉，而有意识的思考则常被描述成白衣骑士，把我们从容易出错的直觉中拯救出来。但是，有意识的深思熟虑有时也会让理性的白衣骑士误入歧途。

直觉可以被视为一个重要的决策的起点，但是，你也必须有意识地、谨慎地对其进行理性评估。特别需要强调的是，如果在即将进行决策的领域缺乏足够的成功经验，你不能只是一味地跟随自己直觉的脚步，而是应该以冷静的目光去审视它。你需要确定在特定的环境条件下自己的直觉是否真的有意义，你确定的决策应该有助于解决问题。因此，直觉告诉你需要这样做，但要理性地收集信息来对比进行谨慎的确认。

在现实的商业环境中，很多明智的企业家对商业机会的感知主要依靠直觉，然而对商业机会的评价和选择则主要依赖于理性分析，通过结构化的决策分析工具，提升商业直觉的可靠性与准确性。明智的决策者通过将无意识过程和有意识过程结合在一起，做出最佳决策。

安全大脑

当下面的蜘蛛图片和风景图片同时呈现在你眼前时，你首先会被哪张图片吸引呢?

通过追踪人们的眼球运动，研究人员发现，即使风景图片中的景色非常优美，人们的眼球仍然不自觉地聚焦在蜘蛛图片上。这种与生俱来的、将危险动物和恐惧反应建立关联的学习能力，让人类能敏锐地意识到哪些动物是危险的，并且牢牢地记住它们。弗吉尼亚大学心理学家洛布等人的研究已经充分地证明了这一点。他们给 3 岁孩子展示两种图片组合：在九宫格中放 8 张花草图和 1 张蛇的图，或者放 8 张蛇的图和 1 张花草图，然后让这些孩子们找出与众不同的那一张。虽然有些孩子从未见过真正的蛇，但他们对蛇的图片都非常敏感，相较于从 8 张蛇图中找到花草图片，他们在花草图片中找到蛇的图片的速度要快得多。如果在你面前出现一条被拔掉毒牙的小蛇，你敢用手去抓它吗？虽然高级脑区的强大理性和认知能力让你确信这条蛇不会对你造成伤害，根本不用担心，但你仍然会心有余悸。

在进化过程中，通过自然选择，我们具备了一些最基本的决策能力，其中最重要的是“趋利避害”——视“利”的感受为奖赏，追求“利”的感受，而视“害”的感受为威胁，从而远离它。“利”的感受有哪些呢？安全、成功、快乐、愉悦、有地位、有尊严、被赏识，等等；“害”的感受有哪些呢？危险、失败、压力、无助、被质疑、被挑战、被指责，等等。如果自己的判断被证明是正确的，那是一种多么美好的感受；反之，如果自己的看法被否定，那又是多么让人感到沮丧甚至气愤！

“趋利避害”是我们大脑的一种无意识的本能反应，而在这项本能中，恐惧或许拥有至高无上的地位。恐惧，让动物获得生物最基本的权利——生存，而忽略恐惧的后果，就是死亡。在古代，狩猎及采集的生活方式中，人类的大脑在不停地识别生存威胁、寻求安全，这些本能帮助我们的祖先在严酷的生存环境下幸存下来，成为这个世界的“主宰者”。其实，不管是人类还是动物，对安全和威胁都有一种极为敏锐的直觉，大脑会因为其所见所闻而做出快速判断。从进化的角度来看，快速的反应系统对生存是非常必要的，因为它允许生物体快速应对外界的危险以保护自己，比如，视觉感知的优势是非常明显的，因为不管你的神经系统对疼痛的反应有多快，等鲨鱼的牙齿刺穿你的皮肤时再逃跑就太晚了。

在大脑漫长的演化过程中，杏仁核出现后便从未消失，它在动物生存中的关键作用可见一斑。一系列关于决策神经经济学的研究揭示了杏仁核回路、岛叶皮质和前额叶皮质的作用。作为大脑的“恐惧中心”，杏仁核对于恐惧抑制与前额皮质活动减少有密切的关联。研究发现，杏仁核受损的人损失厌恶程度降低，杏仁核活动与损失厌恶程度之间的相关性表明杏仁核在增加损失敏感性方面发挥着重要作用。因此，当恐惧增加时，人们表现出更大的风险厌恶情绪。神经影像数据表明，纹状体和外侧前额叶皮层区域也与决策中的损失避免相关。

多数人强烈地偏好明确的风险预期，而非模糊不清的不确定性，对待模糊预期，大脑反应伴随着一些惊恐和情绪化。对风险的生理唤醒反应会支持风险规避行为，进而促进安全寻求。如果决策情境充满不可预测性或不确定性因素，会触发个体对风险信息的加工偏差或情绪反应，从而对决策行为产生重大影响。

人们总是习惯于未经深思熟虑便做出反应，直接得出结论，在紧急的情况下，我们的祖先得以借此避开关乎生死存亡的危险；各种小道消息和夸张的故事特别能引发人们的兴趣，因为这些往往是我们的祖先最为关键的信息来源。现代的大部分人类无须再担心自己会成为某些动物的猎物，面临的威胁通常也没有那么具体，但大脑仍然遵循着进化的法则，这些本能依然主导我们的情绪方式，使得我们对负面信息特别敏感。在无意识状态下，人们更容易以负面或悲观的眼光看待自己周遭的世界。研究指出，情绪会影响我们所关注的内容，积极情绪或负面情绪的信息在记忆持久性上好于那些中性情绪信息的记忆。坏消息破坏心情的程度远远大于好消息提振心情的作用。一次不良的社交体验造成的情绪困扰需要五次正面体验才能抵消。大脑更容易将威胁的情境与负面体验储存在一起，形成牢固的记忆，当遇到类似的不安全的情境时，便会促发负面的情绪反应，影响人们的理性思维与判断力。当陷入恐慌时，人们便无法看清真相。

情绪的反应（特别是恐惧的反应）先于任何有意识的、

经过思考的反应，“理性脑”则会起到“刹车”的作用。例如，当他人指出你的缺点时，你大脑中的“爬行脑”出于本能会做出防御性或抵触性的反应，与此同时，你的“情绪脑”会唤起你在类似情境下的记忆和情绪，而你的“理性脑”则会对这些信息进行综合分析，从而让你做出明智的选择，采取理智的行动（如避免言语或肢体冲突）。

在企业管理中，决策总是建立在不完整信息的背景下，不管是生活中还是工作上，很少有人能完全轻松自如地做出有风险的决策。在企业中，每个领导者都需要了解自己应对风险的方式：你是更倾向于冒风险，还是回避风险，还是介于二者之间？在什么情况下，你会更愿意或更不愿意承担风险？作为一名领导者，你的风险偏好与所在组织的风险偏好是否相符，对于个人在组织中的生存至关重要。如果你谨慎行事，而组织中却全是冒险分子，你会发现你在这样的文化中很难取得成功，要了解你与组织是否相容，需要先了解你和组织的风险偏好一致程度。

请在下面的横轴上标记，以表示你个人的风险容忍程度：

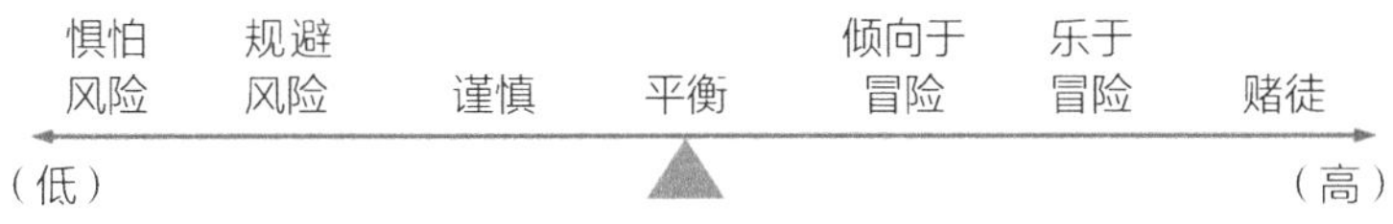

惧怕风险　规避风险　谨慎　平衡　倾向于冒险　乐于冒险　赌徒

（低）　　　　　　　　　　　　（高）

请在下面的横轴上标记，以表示你所在组织的风险承受能力：

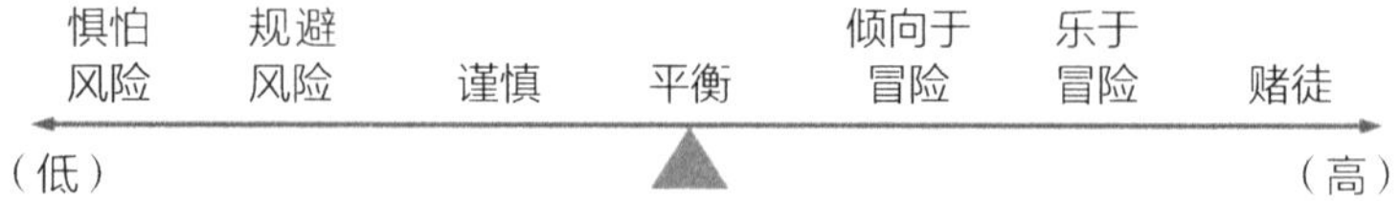

惧怕风险　规避风险　谨慎　平衡　倾向于冒险　乐于冒险　赌徒

（低）　　　　　　　　　　　　　　　　（高）

作为领导者，个人与组织文化相容，似乎更有助于个人成功，但是，从组织的视角来看，个人的风险偏好与组织的风险偏好有所差异，却有着积极的意义。如果组织中的个人更倾向于冒险，但组织更倾向于谨慎的话，在面对重大决策时，会避免组织跌入万劫不复的境地；反之，如果个人偏于谨慎，而组织鼓励承担合理的风险时，更有利于个人勇于提出创新的想法和乐于尝试。

面对风险，有人会忧心忡忡，有人却精神振奋，而这些反应很可能使人们在做有风险的决策时产生认知偏见，从而影响对风险的感知。其实，真正重要的并不是更倾向于勇于冒险还是回避风险，而是需要做些什么来管控风险，从而避免自己因为冒险而承担糟糕的后果，或因为对风险的恐惧而丧失绝佳的机会。

因此，明智的决策者会做到以下几点。

- **识别决策偏见**

要认识到决策偏见，可以问自己，与过往的决策经验相比较，自己是否过高估计了自己的能力，或对失败过于敏感？自己更倾向于维持现状还是推动改变？这些倾向对于自己应对风险的意愿和能力产生了怎样的影响？

- **深入探究原因**

面对过度自信或担心焦虑，思考这样带来的利和弊，以及造成的影响，进一步思考要采取怎样的行动有助于管控风险或增强自信。

- **进行通盘考虑**

深思熟虑可以减少不确定性的影响，制定策略让风险最小化。通过设想成功、失败、没有变化三种结果，询问自己每种场景分别是怎样的？导致其发生的原因会是什么？发生的可能性有多大？然后基于三种场景制定决策及相关行动计划。

社交大脑

美国加州大学洛杉矶分校在2003年做了一项关于“排斥”的功能性核磁共振实验。研究人员让被试参加虚拟的多人抛接球游戏（即三人围成一个圈，然后相互抛球并接住，游戏方式a），被试玩了一会儿后，其他人逐渐不再给他递球，换句话说，其他的虚拟游戏参加者将被试排斥在游戏之外（游戏方式b）。研究人员发现，与身体物理疼痛的多个研究结果相比较后，与“一直未被排斥”的状态相比，人们在遭受他人排斥的时候，大脑前扣带回皮层（ACC）激活明显，其强度与被试自我评价的心理不适感成正相关。这项研究为“社会心理疼痛”奠定了理论基础，被拒绝、被排斥、被孤立等都会导致与“身体物理疼痛”极为相似的“社会心理疼痛”。

人类的祖先之所以能够繁衍壮大，是因为维持了强大的情感和社会纽带，他们需要相互帮助才能保证安全、获取食物。狩猎团队在追踪和围捕狩猎的时候，所有人必须分工明确，紧密合作，任何缺乏团队合作意识的成员都将被逐出团队，而一旦个体被排斥了，他将面临的命运就只有死亡。人类在进化的大部分时间里，是以小团体群居的，在许多方面，其行为也只能适应简单的生活，如石器时代的人类生活。在那个时代，人们不得不时刻准备保护自己、觉察说谎者、寻找食物、识别亲属，并且解读别人的面部表情和意图。

人们通过推测他人的愿望、情感和信念来解释他人行为的能力，被称为“心理化”。许多大脑成像的实验都表明，在成人进行自动心理化的过程中，大脑中的三个区域会被激活：内侧前额叶皮质、颞上沟，以及紧邻杏仁核的颞极。这三个区域往往被认为是“社交大脑”的主要构成部分。内侧前额叶皮质与我们监控自己和他人的内在心理状态有关。颞上沟对辨识和分析他人的动作与行为来说至关重要，而颞极与情绪的处理相关。所有这些神经元网络共同协作，为人们提供读懂他人情绪和意图、调节自身情绪的能力，然后人们就能在特定环境的社交背景下采取恰当的行动。

美国心理学家威廉·詹姆斯在多年前就提出“人类不仅是需要同类相伴左右的群居动物，而且我们有这样一种天生的倾向，即希望被同伴注意，希望获得赞同。对一个人来说，最大的惩罚是脱离社会，并完全被人遗忘，而不是躯体上的惩罚。”威廉·詹姆斯当年的推测和论断，今日已在许多关于社交影响的研究中得到了证实。人格的形成离不开个体与其身边密切的人之间的相互作用，与他人建立关系的需求和其他生理需求一样，是人类的基本需求，不论是在婴儿期还是在成人期，这种需求都与生存需求同样重要。

从很多神经科学的研究成果来看，大脑与社交情感的互动利用了与基本生存需要相同的神经网络，满足与他人产生关联的需要会被大脑视为“首要奖赏”，而与他人关联的缺失则被大脑视为“首要威胁”。因此，当代神经科学家们相信人类视社会归属感及社会排斥恐惧感为首要奖赏或威胁，与食物和水一样，“社交情感需求”同样是人类的基本需求。

通常情况下，人们总是倾向于信任与自己相似的人，和与自己相似的人之间更容易产生信任感，这会促使大脑分泌催产素，有助于降低社会压力、杏仁核反应，以及增强同理心。伊丽莎白·菲尔普斯及其同事在2000年的时候就使用fMRI检测了白人被试在看到黑人或是白人面孔时杏仁核的活动，研究结果发现当美国白人看到不熟悉的黑人面孔时杏仁核被激活，而看到熟悉的黑人面孔（如迈克尔·乔丹、马丁·路德·金等）时则不会。需要强调的是，具有较高偏见意识的白人被试在看到黑人面孔时杏仁核的激活程度也较高。

我们的祖先是群居动物，空间上的接近性或许是人们相互吸引的基础。接近性使人们有更多机会发现彼此间的相似性，而相似性可以降低彼此间的冲突，彼此间也更容易相互接纳，从而利于双方进一步发展关系。大脑会无意识地将人们区分为“内群体”和“外群体”，我们通过寻找共同点来对人们进行分类，即根据谁看起来与我们更相似，谁看起来更让人喜欢，从而判断谁是“朋友”谁是“敌人”。对人类的祖先来说，外族人的到来，往往意味着不会有什么“好事情”发生——要么是为了抢夺食物，要么是为了掠走妇女。因此，我们对社会成员的类别划分常常带有强烈的主观感情色彩——对“内群体”偏爱与信任，对“外群体”防备、厌恶乃至恐惧。

人们总是倾向于信任与自己相似的人，而猜忌与自己存在差异的人，这些差异可能来自种族、性别和年龄，或是宗教、国籍和政党。人们是如此容易地陷入“非我即他”的思维定式中，尤其是面对威胁或竞争的挑战时。这种强烈的、情绪化的本能暗示了冲突产生的可能根源：对的和错的、英雄和恶人、你们和我们——这种“非我即他”的本能反应常常误导我们，把意见相左当作截然对立，视和而不同为不相为谋，将求同存异看作矛盾冲突。诸多媒体为赚取流量吸引目光，也喜欢在其内容中描述对立性或冲突性的人群和立场，既迎合了人们的认知惯性，也更容易被接受和认可。在远古时代，祖先的“非我即他”策略或许是保证安全的快捷而有效的方法，但在现代社会中，却常会带来诸多的认知偏差，导致决策失误。

因此，明智的决策者会有以下做法。

- **采取多维视角**

  你需要综观全局，从各个不同的视角了解一个决策会产生的影响，并向代表这些视角的利益相关者收集意见和见解。这些关键的视角可能包括：客户、竞争对手、公司、外部和内部合作伙伴、社区 / 政府、内部工作团队等。有时，你需要通过在关键的利益相关者之间连线的方式，描绘他们之间的联系和关系，使自己更具洞见。

- **深入洞察需求**

  你不仅需要识别出这些利益相关者，同时应该标注每个利益相关者可能的需求、想法或感受。如果时间允许，你应该深入了解不同人群的想法，尤其是那些持有不同观点、代表不同利益，甚至对你的决策心怀不满的人。

可塑大脑

2009年1月，一架刚刚从纽约机场起飞的全美航空的飞机，因飞鸟的撞击而导致发动机失效，飞机无法继续飞行，也无法返回机场，在这生死攸关的关键时刻，曾是战斗机飞行员的机长萨利用他40年的飞行经验、知识和能力，快速做出了决定：将失去动力的客机降落在哈德孙河上。飞机上155名乘客无一人死亡和重伤，这个传奇性的事件被称为“哈德孙奇迹”。萨利在过往极高难度的大量练习与丰富的经验使他在208秒之内想出办法，并成功应对了他从未遇到过的“一生的终极挑战”。

这个故事说明了大脑具备非凡的可塑性。生活经历，会使脑部发生改变，而大量的刻意练习也会使大脑结构发生重组，使人专精于某项技能。正如杰夫瑞·施瓦兹所说：“你将你的注意力聚焦在哪里，你就会与哪里产生连接。”神经元组群同时放电的次数越多、信号越强，神经元间的连接越牢固，记忆存储时间越长，时效也越久。大脑中的神经网络以“达尔文”式的竞争进化机制，不仅让使用频率更高、强度更大的神经元获得更多的滋养，还让突触连接得以保留，并持续强化。

另一个大脑可塑性的例子是关于“老司机”的故事——即著名的伦敦出租车司机的研究。伦敦的黑色出租车司机必须是一位“导航专家”。为了拿到驾驶黑色出租车的执照，他们需要记住将近2.5万条的伦敦街道，以及数以百计的路标，才有可能通过一项被称为“知识”的考试。黑色出租车司机是如何获得这些高超的技能的呢？这些出租车司机们通常需要用长达4年的时间来记忆遍布伦敦的大街小巷。伯吉斯和马奎尔通过扫描这些“导航专家”的大脑发现，与生成地图和存储导航记忆有关的海马体，在获取这些“知识”的过程中，体积变大了。相对于同龄的非出租车司机驾驶员，出租车司机有更大的海马体，而且越有经验的出租车司机，海马体内灰质的密度越大——即你越常使用你的空间导航能力，你的海马体就会变得越大。

大脑的可塑性让人们的大脑定型，产生速度和力量，使信号毫不费力地在大脑中快速传递，使很多工作（不论是体力工作还是脑力工作）得以快速完成。如同围棋手的棋感是需要通过不断练习来获得的。经过长时间的刻意练习，围棋手可以将非常复杂的、基于围棋规则而进行的逻辑决策，从系统2转移到系统1中去做。一旦我们精通某项技能，大脑就会通过系统2来解决问题和进行决策，就会变得极为高效。

不同领域内的专家与普通人之间的差别，就在于有没有经过大量的训练。你觉得极其复杂的问题，对这些专家来说，应对起来就像举手投足般简单易行。一个人一旦达到这种境界，决策的速度和准确性就会产生质的飞跃。

“可塑大脑”对人们来说，或许是莫大的好消息。但是，我们也必须明白并非所有的神经可塑性都是有益的，它常常是以丧失大脑的灵活性和其他方面的可塑性为代价的。在武侠小说《天龙八部》中，有一个非常著名的棋局。一众武林高手试图解开这个棋局，如果有人做到，就会得到武林秘籍和绝世真传。可是，哪怕是棋艺最高的武林高手也无法找到突破口。真正的问题就是他们棋感太好了，望着棋盘，心中便不自觉地琢磨最可能下的几步棋，导致总是从既定的思维模式出发，反而无法解开棋局。其实，这是一个不落常规的棋局。局外人反而会从高手不会去考虑的角度去思考。所以，到最后，反而是完全不懂围棋的小和尚解开了棋局。

成人的大脑或许是效率大师，却也容易失去孩童般的勃勃生机和创造力。这使得我们常常无法跳出常规，并很容易跌入惯性思维的误区。不是所有的学习记忆都应该永久保存，这或许才是最优的适应。如果人们总是习惯于把日常生活和工作中的负面情形与强烈的情感反应联络起来，可塑性便可能会触发压力和焦虑感，那么，这就是一件“坏事”。

赫伯特·西蒙道出经验丰富之人的决策秘诀：“经验丰富的决策者和新手之间的差别并不是什么不可捉摸的东西，比如‘推断’或‘直觉’。如果有人打开经验丰富决策者的头盖骨，查看他的大脑内部，就会发现他有各种可能的行动方案供他使用，有可以让他三思而后行的核查清单，还有他的思维机制，一旦出现需要做出决策的情况，他就会唤醒并有意识地关注到这些机制。”

很多研究表明，战场指挥官、消防员、医生、棋手等人，在紧急情境下，往往运用直觉进行90%甚至更多的决策。经验可以让人们行动更自由，让思维升级，人们通过“无意识的超速运转”解读数据，并采取行动。

威·赫兹里特说：“偏见是无知的产物。”偏见的产生源于人们对人和事物缺乏全面的了解。尽管决策过程中经验十分有用，但是任何一个人都不具备决策所需要的所有经验和信息，经验受限于决策者本人的知识和专长的质量和数量，而且它是由拥有者自身从其记忆中提取并进行处理的，因此从定义上来说是主观的。这就使得这些回忆显得不可靠，尤其是在决策者本人处于压力或情绪化状态时。

真正优秀的决策者对自己的优势与劣势有清晰的认知，

并了解它们的适用条件与局限性，深知他们的经验和认知什么时候不可靠或不适用，在最需要的时候选择正确、恰当的方法，这才是决策者睿智的体现，也是领导者的职责所在。

因此，明智的决策者会做到以下几点。

- 经验复盘

  擅用经验的决策者会“眼睛向内”，从自己过去的行动中反思经验，分析自己的经验在特定的情境中适用或不适用的原因，从中洞见规律，这对自己积累有价值的经验、指导未来的行动具有重要意义。

- 标杆学习

  “三人行必有我师。择其善者而从之，其不善者而改之。”明智的决策者也会“眼睛向外”，经常请教他人（如领域内的专家、经验丰富的人士、外部团队或组织等），通过将他人过去的最佳表现与实践或失败的经历，和自身进行比较，识别适用于自身的经验和教训，从而补充和扩展自己的认知基础。

- 情景分析

  决策关乎过去，更关乎未来，未来的发展有多种可能的趋势，因此预测结果也是多样的。面对未来尚不具备的经验，明智的决策者会把重点放在了解自己的内部环境，重点关注对系统的发展和调整起重要作用的关键因素以及分析关系上。通过对情景的未来发展做出种种设想或预计，事先做好充分的准备。

- 开放创新

今时今日，对未来的发展谁都无法准确预测，想要在未来的各种不确定性中站稳发展，唯有紧跟时代趋势，开放创新。只靠单打独斗或者局限在自己的圈子里绞尽脑汁苦苦思索，这是所有组织长远发展的大忌。只有敞开大门，广泛吸纳多样化的观点，根据自身的实际情况制定有远见的发展规划，才能建立真正开放创新的环境。扩大团体的认知半径和复盘，才能丰富自己的相关经验。

有脑就有偏见

大脑的决策偏见是大脑无意识本能反应的产物，所有的决策偏见均与“阴阳大脑”这一基本原则相关。

我们的大脑需要做出可能影响生存、安全或成功机会的瞬间决策，并快速行动，只有在面对不同寻常的新信息时，我们才愿意放慢速度，调动大脑能量去进行思考。因此，相对于“慢”，“快”才是大脑的常态（便利性偏见）。在完成任何事情的过程中，为了聚焦能量、保持专注，我们更重视当前的事物，并且更多地关注特定个体的故事而不是匿名的个人或群体。因此，我们倾向于“近”（眼前的、相关的）的事情，超过“远”（延迟满足和遥远的）的事情（距离性偏见）。

“趋利避害”是人类的本性，但人们往往有侧重负面的倾向，这是大脑用来让人们改变危险行为的方法。因此，“坏”（负面）看起来往往比“好”（正面）更具影响力。“安全大脑”让我们能够理解为什么我们是如此容易跌入“安全性偏见”的误区。

“政治性偏见”印证了“社交大脑”在决策过程中所起的重要作用——人们总是有倾向于与他人产生关联的基本需求，人们更乐于接近“同”（归属感），而远离“异”（排斥感）。

“可塑大脑”驱动我们在面对不确定性时迅速采取行动，并让我们对自己的能力、行动效率和影响力充满信心，从而使我们陷入“经验性偏见”中而不自知，产生“我”（自己）

比“你”（他人）正确的错觉。

从我们出生的那一刻起，大脑就自动启动了“程序化”的进程。在我们的成长过程中，这些“程序”在大脑中日益根深蒂固，最终塑造了我们自己。我们应该知道的是：就像一个人无法同时回答两个提问一样，人类的大脑也不存在这样的机制——在做决定的那个瞬间，同时认识到自己是否存在偏差。对此，我们无能为力。

有脑，就有偏见。

知行合一

- 本章中的哪些内容出乎你的意料（或让你印象深刻）？
- 你最想践行的三个知识点（或观念）是什么？
- 为做出高质量决策，你需要停止做什么？开始做什么？继续做什么？

如何做出高质量决策

我们都希望有一台警钟，每当我们要酿成大祸时它就响个不停，然而我们买不到这样的钟。

——丹尼尔·卡尼曼

决策的故事

想象一下，你自己是一名身处激烈战斗中的斗士。你可能是一名手持大刀、骁勇善战的步兵或是跨骑战马、威风凛凛的骑兵，又或是一名百步穿杨的弓箭手。不论你身处怎样的年代和战场，作为酣战中的斗士，有一件事总是相同的——在战场上，出于生存的需要，出于保护自己和战友的需要，出于击溃敌人的需要，你的肾上腺素上升，交感神经系统被激活，你的反应和行动基于那些最原始的条件反射。

现在，请你扮演一个完全不同的角色，想象一下自己是一名侦察兵——那些需要走出营地，去测定地形、收集敌情、识别潜在风险的人。侦察兵的任务不是攻击敌人或者防守安全，不是在斗争的当下必须分出输赢，而是认清周围的形势。侦察兵需要弄清楚队伍前行之处到底有什么障碍或危险，而且越精确越好。这需要一种尽可能诚实和准确地找出真相的驱动力，以及强烈的好奇心——对获得真实信息的渴望或解开一道谜题的愉悦。

在一支精良的队伍中，斗士和侦察兵都是必不可少的。但你也可以将它们想象为两种不同的决策思维模式——一种关于在日常生活和工作中如何处理信息并做出决定的两种不同风格的类比。不论是具备良好的判断力，做出准确的预测，或是进行明智的选择，这些几乎都跟你运行哪种思维模式紧密相关。

在日常决策的过程中，你更像是一名斗士还是侦察兵呢？

所有做出高质量决策的人，都会承认自己或多或少存有偏见，并竭尽所能试图消除它们。人们在决策过程中会试图努力消除偏见，然而，各种研究都表明这些纠偏方法过于粗糙、作用有限，组织中的决策普遍存在偏见，根本原因之一便是组织内部的传统、习惯、领导风格及其他潜在的规则。

那么，当人们在做决策时，是否有可能完全避免或者消除偏见呢？

一系列研究给出了确定的答案：不可能！

那么，决策者对此能做些什么呢？

基于神经科学的视角，“一个中心”会帮助你在面对重大或关键决策时，打破偏见式思考方式，重新确定思考方向和节奏，本章重点讲述“一个中心”，即如何以“流程为决策中心”来做出高质量决策。

以“流程”为决策中心

你无法克服偏见

如果你只是试图通过“人”来从根本上消除偏见，那就大错特错了。消除人的偏见，如同拉扯自己的头发以逃脱沼泽般白费力气。培训和教导可能会发挥些许作用，促进微小的改变，但真正的挑战在于，在做出决策的那一刻，偏见便如影随形，再多的培训、再多的教导也起不了多大的作用，偏见不是仅凭小心谨慎就能完全避免的。

就好像我们无法确保法官或陪审员永远会做出正确的判断一样，在决策过程中，想要减轻偏见对决策带来的危害，提升决策质量，我们不仅需要努力减少自己以及其他人的偏见，而且必须制定能抵御不同偏见并限制其影响的决策流程。

特别是对于重大的或关键性的决策（譬如兼并和收购、重大的技术选择或大型投资）来说，审视决策的过程，是极具价值的投入。谨慎而有效的决策流程是保证决策质量的前提。几乎没有哪个决策是基于糟糕的分析的，然而除非决策过程中决策者能客观公正地听取各种分析，否则再高明的分析也毫无用处，无偏见的决策过程所需要做的事情之一就是发现糟糕的分析。

研究表明，仅是简单地列出一些相关联的事件并系统地考虑哪些事件可能发生或不发生，就可以提高人们的决策质量。你需要提前思考和设计，回忆在过往决策中，曾经有过的偏见或跌入的误区，把它们列出来，并通过追溯它们的发展轨迹，探究和反思源头，找出经过深思熟虑的纠偏策略，然后基于组织的现实条件设立关键的互动对话机制和决策流程。

简言之，在面临关键性的决策时，最明智的做法便是不要给大脑任何由无意识偏见驱动决策的机会。如电影《十二怒汉》中的经典台词所言："无论去哪里，偏见总是会掩盖真相。但我们提出了合理的怀疑，那是我们制度中非常宝贵的东西。"

决策流程是关键

如果请你来评判下面两种情形下决策的质量，你会如何评分呢?

第一种情形：抛硬币决策

我手中有两枚硬币。我将分别抛掷这两枚硬币，硬币落定之后，如果正面朝上，代表成功，反之，则代表失败。可以确定的信息是：第一枚硬币正面朝上的概率为60%，而第二枚硬币正面朝上的概率为40%，除此之外，没有其他信息。

我做出的决策是：选择第一枚硬币。

请对我做出的这个决策质量打分，并将你的评分写在下面的方格中。评分区间：1 ~ 10分，“1分”=“完全无效”，“10分”=“非常有效”。

第二种情形：新产品决策

我是一家手机企业的创始人兼CEO。我当前面临一个决策情形：需要从两种新款手机中选择其一投入市场。经过缜密的调查研究发现，第一款手机投放市场后成功的概率为60%，失败的概率为40%；第二款手机投放市场后成功的概率为40%，失败的概率为60%。

我做出的决策是：选择推出第一款新手机。整个决策的制定与实施过程堪称完美，但结果惨遭失败。竞争对手推出了第二款新手机，却意外地大获成功。

请对我做出的这个决策质量打分，并将你的评分写在下面的方格中。评分区间：1 ~ 10 分，“1 分” = “完全无效”，“10 分” = “非常有效”。

现在，请比较一下针对这两个决策情形你给出的决策的质量评分，属于下面的哪种情况呢？理由又是什么呢？

1. 第一种情形的评分 > 第二种情形的评分

2. 第一种情形的评分 < 第二种情形的评分

3. 第一种情形的评分 = 第二种情形的评分

我发现很多人对第一种情形的决策评分高于第二种情形，但实际上，这两个决策情形并没有本质上的区别，两者都是基于成功的概率进行的决策，而且决策过程与实施过程都不存在问题。唯一的区别就在于，在第二个决策情形中，你知道了决策的结果，而且这个结果是失败的。

大多数人专注于最终结果，这并不令人感到意外，这真实地反映了组织中的现实情况。很多组织认为结果最重要，认为没有结果便没有任何意义。对大多数人的奖赏与惩罚措施也是基于决策结果来确定的，比如，销售目标的达成情况，生产效率的改进程度，或是成本的升降，决定了当事人获得奖金或加薪的幅度；项目最终成功与否，决定了当事人是否可以赢得升迁的机会，等等。

但是，我们在做出决定的当下，是无法准确预知最终结果的，再好的流程、再完美的实施，也无法保证结果是成功的。影响决策结果的因素除了决策流程与决策实施之外，还包括偶然因素。

- **决策流程**：当事人思考和做出决定的过程。
- **决策实施**：确保决策的执行和落地。
- **偶然因素**：无法掌控或影响的因素（如不可抗力、意外或运气等）。

显然，在这三个关键因素中，我们可以掌控或影响的只有“决策流程”与“决策实施”，我们也只能将自己注意力和精力聚焦在这两个方面。决策结果固然很重要，但如果眼睛只是盯着结果，仅依据决策结果来判定决策质量的好坏，则会贬损决策流程和实施的重要性，严重阻碍人们在做出决定过程中发挥必要的积极作用，容易跌入“成王败寇”的陷阱，走进“事后诸葛亮”的误区。

认为决策就是做决定那一刹那的事情，实际上是忽略了决策的过程。决策不应仅被当作一个灵光乍现的瞬间，而应被视为一个系统的、定义清晰的、有条不紊的过程。只有保证有高质量的决策流程以及随后有效地落地执行，才能最大限度地确保决策结果的实现，才能在组织内建立高质量决策的可持续性文化，而非只是关注决策结果，仅以成败论英雄。

曾流传过这样的一个故事：有一次，有人在工厂车间里掉了一根细针在地上，大家怎么找也找不到，最后被一个德国人找到了。他是怎么做的呢？原来他找到一根粉笔，将车间的地面划分成一个个的格子，然后挨个格子寻找并做好标记，最后把那根细针找了出来。

我们无法得知这个故事的真伪，或许你认为这个人的做法枯燥而笨拙，但无法否认的是，这是系统的、谨慎的方法，通过这种方法能帮助当事人找到掉落在地面上的细针。

如图 4-1 所示，采取良好的决策流程而取得良好的结果，那是决策者应该得到的；反之，因为采取糟糕的决策流程而导致糟糕的结果，则似乎是一种必然。同样，采取了糟糕的决策流程，但却意外地获得卓越成就的人，并不值得被大加赞扬，因为那只是运气使然；相反，那些采取良好的决策流程却未能实现既定目标的决策者，应该得到认可与鼓励，不能因为他们运气不佳就无视他们高质量的决策过程。

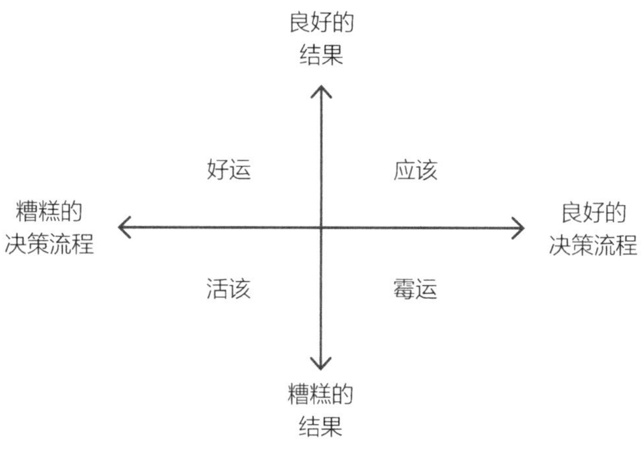

图 4-1　决策结果与决策流程

2017 年上映的纪录片《纸牌人生》向人们展示了 62 岁的理查德 · 特纳挖掘纸牌魔术的宝藏，并创造奇迹的历程，理查德 · 特纳被誉为世界上最伟大的纸牌魔术家之一。片中的各种魔术令人兴奋，但更让人感到意外的是，理查德·特纳竟然是一位盲人。理查德·特纳的视力从9岁开始便因疾病逐渐丧失，后来因抵触学习盲文而离开学校，然而这都不妨碍他成为这个世界上最会玩纸牌的人之一。理查德·特纳的妻子的一席话道出了这个看不见的人玩转一个最需要眼睛看的纸牌魔术的秘密："他无时无刻不在练习，早上我还没起床，就被他练习牌技的声音吵醒，在去往教堂的车上，在超市里，他都在练习。"从19岁开始，理查德每天会练习14小时的纸牌，他会分析和思考每一个动作，直至变成下意识的习惯。

真正的高手，专注于平日磨炼牌技，而当自己抓到一手"烂牌"时，也致力于发挥自己的牌技把一手"烂牌"打好。

制定决策的流程犹如医生看病的过程——包括"诊断"和"治疗"。

当你觉得身体有些不适，去医院看病时，你会发现中医通常会通过"望、闻、问、切"等方式来诊断你的疾病。根据诊断的结果来确定治疗方案，然后再实施治疗。很多情况下，相似的症状表现，却可能是完全不同的疾病。比如，同样是打喷嚏、流鼻涕，有可能是感冒，但也有可能是患有过敏性鼻炎。诊断的结论不同，其治疗方案也会大相径庭。最后，经过一段时间的治疗之后，你很可能还需要复诊，查看治疗的效果或进一步巩固疗效。如果病情并未好转或者未达到预期效果，便需要下一轮的诊断和治疗。

当然，也可能你的身体未呈现明显的病征，你也并没有不舒服的感觉，但通过定期的体检，你发现有一些指标异常，于是你决定去医院看医生。医生根据这些异常的指标，进行进一步的诊断，然后再根据诊断的结果来制定治疗方案，并开展后续的治疗措施。

类似地，解决问题与制定决策的流程也需要经过“分析”（诊断）和“解决”（治疗）这两大阶段，我总结为“启、澄、展、合”这四个步骤。“启、澄”这两个步骤属于“分析”阶段，“展、合”这两个步骤属于“解决”阶段。

启：发现问题

这一步骤需要明确的是“问题是什么？”，即你的出发点是什么或者为什么要启动决策流程。

“启”的关键是识别正确的问题。尽早发现正确的问题往往能激发出思维的火花，比如如何改善流程、提升客户服务、降低成本、激发员工士气或提高生产力等。这一步骤为后续进一步发展和落实这些想法提供了正确的方向。

但是，识别正确的问题绝非易事，你极有可能在对信息收集与分析之后，需要再修订、调整或者重新定义问题。

◆ 什么是问题

有一则幽默故事，讲的是两位旅行者徒步穿行非洲丛林，突然，他们同时看到有一头狮子藏身于隐蔽处，看起来正准备向他们发起攻击。其中一人急忙逃跑奔命，而另外一人则迅速地穿上了自己的跑鞋。人无法跑得比狮子快，而我们最应该做的就是跑赢对手。面对相同的环境，我们所定义的问题是什么，决定了我们会如何反应，采取怎样的行动，以及得到怎样的结果。

有一项研究显示，多数职场人群存在睡眠问题，一线城市经常失眠的网民占比近 40%。我们不妨以因失眠去看医生为例，来探讨什么是“问题”。

假如你最近出现入睡困难、睡眠质量下降和睡眠时间减少的情况，而且呈现越来越严重的趋势，导致记忆力、注意力下降等，影响了身体健康和工作状态。于是，你决定去医院看医生，希望能在一两周之内缓解或消除这些症状，恢复正常的生活与工作状态。从这个例子中，你会发现“问题”

实际上是一种“落差”，是“期望目标”与“现实状况”之间的差距。

有目标、有期望，才会有“问题”。因此，“落差”是动力，就像没有温差就没有风，没有水位差就没有流水；如果没有“落差”，就不会存在“问题”，也就没有了采取行动的动力。

如果站在普通员工的视角，有人可能认为组织没有问题，但当转换为领导者的视角，则可能觉得组织中到处都是问题。同样的，站在其他部门的视角、站在组织未来的视角，不同的高度、不同的视野、不同的格局，就能够发现不同的问题、更多的问题。那些提不出问题的人，是没有把现实与远大目标对比起来思考，是忘却远大目标的人；有远大目标的人，一定能提出问题，而且提出很多的问题。

就像吉利控股集团董事长李书福所说的：“发现问题是好事，解决问题是大事，回避问题是蠢事，没有问题是坏事。”

◆ 发现问题

如果让你完成下面的填空题，你会如何作答呢？

题目：

别给我____________，我要的是____________。

选项：

A. 问题

B. 解决方案

在我以往的经验中，80% 的领导者都会脱口而出：

别给我问题，我要的是解决方案。

这样回答固然没错，毕竟，我们都不期望我们身边的人只是一味地提出问题，却不去思考如何解决问题并采取实际的行动。

但是，如果我们把上面两个答案颠倒过来，会给你带来怎样的启发？

别给我解决方案，我要的是问题。

“好奇心”是一切决策或创新的源泉。带着好奇心去发现问题，是所有决策或创新的第一步。如果没有了好奇心，我们就提不出新的问题；没有问题，我们就很难进步。

贝尔原先是研究聋哑语的，对声音的产生原理有一定了解，他觉得声音是通过声带的颤动而发出，就联想到能不能在电报的基础上改良出电话。而达尔文当年航行世界，强烈的好奇心使他在船上学到了很多知识，他的老师里面有生物学家，也有地质学家，他自己曾坦言说《物种起源》这本书里面有一半的思想来自地质学家。难怪居里夫人说自己“其实我就是特别好奇，好奇得上瘾”，而被世人所熟知的乔布斯的那句“求知若饥，虚心若愚”，不正是充满好奇，保持初心的最佳写照吗？

◆ 问题冰山

就像漂浮在大海上的冰山，有些问题是海面以上的冰山部分，是看得见的“显性问题”，就像“急性病”，它来得比较急迫而明显，给当事人很大压力，迫使当事人尽快采取行动予以解决。

例如：

- 销售额的急速下降；
- 客户的重大投诉；
- 生产线的故障停产；
- 员工离职率的突然升高。

有些问题则是海面以下的冰山部分，是看不见的“隐性问题”，就像“慢性病”，比较微妙而隐晦，需要结合细微的变化与洞察模式或趋势才能发现，特别是在问题形成的初期。

例如：

- 客户对产品或服务提出的新需求；
- 客户反馈的趋势或模式；
- 对机器设备的日常维护时发现的小问题；
- 同事对流程、产品、服务或工作条件的抱怨。

这些隐性问题“不被看见”，有的是因为人们的无心疏忽，觉得没有大碍，错失了发现问题或机会的机会；而有的则是被人有意忽视、拖延或搁置，只管应付眼前的问题或只求解决表面症状，而不愿触及更严重的根本性问题。因此，“旧问题解决了，新问题又来了”也就不足为奇了。

◆ 问题的感知水平

面对同样的问题，不同的人的应对方式可能大相径庭。我们再来举个医生诊病的例子：如果你是医生，面对因失眠求诊的病人，你会怎么做？

反应 1：

听病人诉说病情后，立即开给他你认为合适的药物。

反应 2：

询问失眠史及以前吃过的药物，确定药物的相对疗效后，再开药。

反应 3：

不仅询问失眠史及以前吃过的药物，还会检查身体有无其他症状，甚至了解病人最近的生活和工作情况，比如有没有过度兴奋或沮丧的事情，从而判断失眠的真正原因，然后再决定治疗手段。

医生的这三种反应状态，体现了他们对于“问题”的不同感知水平。

第一级：事件感知，即反应性行动。

针对显性症状，直接采取纠正措施，以便消除症状。

第二级：模式感知，即适应性行动。

在关注当下现象的同时，思考其与过往发生、即将发生的现象之间的关联，从而发现规律和趋势。这种层级的感知着眼于为未来可能发生的类似现象做好准备，适应模式，但并非改变模式。

第三级：系统感知，即创造性行动。

这个层级的感知水平致力于厘清根源，识别关键的驱动变量，会针对问题的根本原因采取行动，从而在根本上消除问题，改变模式。

卓越的决策者的思维总是具有预见性的，总是能够做到防患于未然。他们不仅能够洞察未来，也会想办法让那些“看不见”的问题变为“看得见”的问题。飞机涡轮机的发明者帕布斯·海恩在其提出的飞行安全的法则——“海恩法则”中强调：每一起严重事故的背后，必然有29次轻微事故和300个未遂征兆，以及1000个安全隐患。事故的发生是量的积累的结果。再好的技术、再完美的规则，在实际操作层面，也无法替代人自身的素质和责任心。

潮水退去之后，你才会发现谁在裸泳。

◆ 问题的多维视角

亨利·明茨伯格认为形成战略的思维过程如同“盲人摸象”，其实，确定正确的问题的过程又何尝不是如此？对“问题”这只大象的理解和感知，需要战略性的多维视角。

战略思维被普遍认为是“向前”看的过程。但是，如果不同时“向后”看的话，又如何能够更有效地向前看呢？对未来的美好憧憬都需要建立在对过去的正确认识之上。

战略决策者应该从“直升机上俯瞰”，从上往下看，才能看到“全景”，换言之，战略决策者必须避免“只见树木不见森林”。从直升机上俯瞰时，地面就像一张地毯，在森林或山路中漫步过的人都知道这并非真相，地面上的森林和山路绝对不是一张地毯。

仅仅是从上往下看，没有人可以做到真正地对全景有完整而清晰的了解。寻求正确的战略好比在杂草丛生的地上寻找“钻石”，这需要进行大量艰苦而复杂的挖掘工作。因此，战略思维是一种归纳性的思想活动：向下看的同时也要向上看。

即使向前看、向后看、向上看、向下看，也还是不够的，战略决策者总是开拓未来、不断创新的。战略决策者的思维特点在于，更善于洞察和抓住机遇，乐于挑战传统，而不受传统或惯例的束缚，所以，他们才能创造适合自身发展的战略举措。这种创新型思考方式也可定义为“侧向”思维，即从旁侧审视和观察。

彼得·德鲁克强调，“每当你看到一个伟大的企业，必定有人做出过远大的决策”，战略管理者还需要向“远处”观察。向前看，是基于过去发生的事情构造出决策框架，并依此预测未来，而向远处看则不同，它致力于构建一个与众不同的世界，创造未来。创造性思维必须适合其所处的环境，必须与未来世界的趋势相匹配。

要找到正确的方向，就必须具有深刻的洞察力，“看穿”表面的现象，发现本质，找到规律。亚马逊的创始人杰夫·贝索斯曾说自己被问得最多的一个问题是：“在接下来的10年里，会发生怎样的变化？”但却很少有人问他：“在接下来的10年里，有什么是不会发生变化的？”他相信第二个问题比第一个问题更为关键，你必须将长期的战略决策建立在持久不变的原则之上。消费者会想要更低价格的产品，想要更快的物流，更多的选择，10年后仍然如此。如果你将自己的精力和资源放在这些持久稳定的事情上，在10年中以及之后你都将持续地从中获益。

拥有视野这种特质讲起来容易、做起来难。由于受到所处的位置、环境，以及拥有的能力和资源等条件限制，人们通常很难将一个人、一个组织或团体，甚至一个国家的问题想得极为透彻。只有无所畏惧，将思考的重要性看得比现实物质利益甚至现实生命还更重要的时候，人才能够拥有真正完善的视野。

◆ 问题也是机会

当你思考当前面临的亟待解决的问题时，表情是怎样的？眉头紧锁还是喜上眉梢？

或许对大部分人来说，是马上解决问题，而不是先看看问题多有趣。面临问题时，很少有人充满好奇，享受解决问题的快乐。更多的决策者为问题所压迫，在面临问题时，表情严肃，心情沉重。

你可以尝试转换一下视角，将你列出的这些“问题”视为“机会”，你会如何重新定义它们？当你将这些“问题”视为“机会”的时候，你的表情是怎样的？又会有怎样的感受？

你或许会觉得身体内的能量提升了，变得更有动力了，感受变得更积极、更乐观了，大脑的运作也变得更加顺畅了，甚至可能还会产生灵光乍现的效果。

如果你把事实当作“问题”，便要应急或预防；如果你把事实当作“机会”，则会利用和创造。当你将“问题”视为“机会”时，你由起初的“防御”状态，转变为对未来的“探索”状态，由压力变成了动力，由阴郁变成了阳光。

中国文字充满辩证性，比如“危机”一词既包含“危险”也包含“机会”，正如英国前首相丘吉尔所言：“不要浪费一场危机。悲观之人只会在每个机会中看到问题，而乐观之人则在每个问题中看到机会。”

◆ 直面问题

识别和定义问题绝非易事。虽然有些问题的处理看似轻而易举，但深思熟虑地识别和定义“正确的问题”却是必要的前提。明智的决策者总是会反复审视当前的问题，问自己“问题到底是什么”。

如果面对的问题，只是由于情绪的波动，一段时间过去便会自动消失，这时候决策者需要的是耐心等待。

如果面对的问题，看似无法解决，就需要问自己是真的无法解决，还是没找到方法，这时候决策者需要的是诚实面对。

如果面对的问题，是因为目标的制定不切实际或者完全不在自己的掌控或影响的范围之内而出现的，就需要调整甚至取消原始目标，这时候决策者需要的是尊重事实。

如果面对的问题，决策者不确定问题是不是正确的问题，就需要探索问题背后的问题，把问题背后的意义或目的提炼出来，重新界定问题，这时候决策者需要的是深思熟虑。

○ 澄：分析问题

这一步骤需要明确的是“原因在哪里？”，即通过对所收集的信息的审辨性思考，找出问题发生的根本原因。

你已经识别出了一个重大的问题或机会，但必须控制马上去着手解决问题的冲动。面对复杂的情况，你需要从可靠的来源系统地收集相关的信息，以便更清晰、更全面地了解情况，然后通过科学有效的方法去整合和分析大量复杂的数据，从而得出客观的结论。

经过这一步，你可能找到了问题的根本原因，然后开始着手找出解决方案；也可能发现没有进一步行动的必要，明智地结束这个流程；又或者你需要修订、调整甚至重新定义问题，即再次回到“启”这一步骤，进一步进行深入分析。面对复杂的问题或决策时，可能需要在“启”和“澄”这两个步骤之间多次往返，目的都是明确正确的行动方向，确保解决的是正确的问题。

收集的信息取决于你面临的问题，不要期望你可以收集到完整无缺的信息，因为你做不到，也没有必要做到。你需要批判性地评估收集到的信息，了解它们是如何产生的，以及在诠释这些信息时做了哪些假设。

在“澄”这个步骤中，“审辨性”是考验决策者的第二个特质，它为决策的后续步骤奠定坚实的基础。只有通过审辨性思考，决策者才更有可能接近“真相”，才更有可能得出客观的结论。然而，在现实的决策过程中，“澄”却是很多的决策者最容易忽略的步骤。不去充分地收集、澄清、分析信息，便意味着后续的决策会存在盲点或误区，即使极有效率地拿出了解决方案，这些方案的质量也令人担忧，因为导致问题发生的根本原因并没有被发现，这些原因在将来仍会发挥作用，问题仍会重复地出现，这为后续解决方案的落地执行埋下极大的隐患。

◆ 有效的信息是决策的前提

为什么很多的解决方案得到实施后却并未奏效？

- 往往是因为没有找到问题的根本原因，没能对症下药。

为什么很多事情的原因无法找到，成为不解之谜？

- 往往是因为信息不完整或无效。

仿佛盲人摸象，当我们只看到某一部分的片面信息，并执着于已掌握的“事实”，极易理所当然地推测这就是主要原因。比如，当我们看到员工的工作积极性不高时，首先会想到哪个方面的信息？可能是“薪资”！于是，很多的应对措施针对的就是这个所谓的“原因”。

我们常说，知彼知己，百战不殆。其中的“知”归结起来，就是收集信息的意思。赫伯特·A. 西蒙认为：“决策过程中至关重要的因素是信息联系，信息是合理决策的生命线。”从某种意义上说，决策者能否做出高质量决策，取决于他是否掌握有效的信息。

缺乏对基于事实的信息的收集和分析，便无法判断拟出的方案是否直指“病灶”，是否切实可行，如果没有掌握有效的关键信息，没有对要做的事情有充分的了解，没有对根源性的核心要素进行分析就做出决策，那都是拍脑门，是冲动，是赌博。

面对复杂的情况，决策者要拟出切实可行的实施方案，首先就需要系统地列出和收集所需要的信息，确定可靠的信息来源，可能还需要组织人们分工协作共同履行收集信息的职责。经过对信息的收集和分析之后，你可能找到了问题的根本原因，然后开始着手做出解决方案；可能发现没有进一步行动的必要，明智地结束这个流程；也可能需要修订、调整或者重新定义问题，即再次回到“启”这一步骤，进一步深入分析。

例如，面对“员工流失率高”的问题，你会如何收集信息来确定员工流失的原因呢？

可能你会说通过离职面谈或离职调查。但做人力资源工作的人都知道，通过离职面谈或离职调查往往得到的是一些“冠冕堂皇”的回答，而非员工离开的真实原因。

因此，你需要“让子弹飞一会儿”，通过一段时间的追踪调查，才更有可能掌握到真实的信息。比如：员工离开后去哪里了？员工是何时离开的？哪些员工离开了？等等。

- 如果很多员工，离开了这个行业，那很可能是行业的问题。
- 如果很多员工，回到自己的老家或选择自主创业，那很可能是经济大环境的问题。
- 如果很多员工，在年度奖金“入袋为安”之后便离开，那很可能是奖金发放机制的问题。
- 如果很多员工，都是刚刚入职不久就离开的人，那与其说是员工离职的问题，不如说是员工入职的问题，即选才机制问题。

经过信息的收集与分析，你会发现，原始的问题可能根本就不是问题，或者未必是真正需要解决的问题，很可能需要你调整、重新界定，甚至取消原始问题。经过对信息的有效收集与分析，你才有机会识别“正确的问题”，才会发现自己离“真相”更近了。

如果你问一位教练“一场比赛的输赢更多的是取决于日复一日的训练，还是比赛当天的运气？”，你觉得他/她的回答会是什么呢？一定是“日复一日的训练”。如果问你“一位卓有成效的决策者，收集利益相关者的信息，是在平日，还是在做决策当天？”你的回答会是什么呢？

在充满不确定性的商业环境中，领导者往往被要求做出敏捷而快速的决策，但是，敏捷决策的基础又是什么呢？你或许看到的是身边一些卓越的领导者总是能够在关键时刻做出快速而明智的决策，你可能没有看到的是他们防患于未然的思维模式，他们平日就对信息进行充分收集、洞察，以及分析。

决策是一个立足过去、面对现在、创造未来的活动过程。在产生决策意识的萌芽阶段，就需要谨慎地对待信息，它是决策的依据，任何决策目标的确立和决策备选方案的提出都是对信息进行收集和分析的结果。面对复杂的问题或决策时，可能需要多次重复“启”和“澄”这两个步骤，目的都是确定正确的行动方向，确保解决的是正确的问题。

◆ 分析信息的逻辑思路

在你获取信息之后，必须选择一种合适的方法，洞察这些信息是如何组织起来的，只有对信息之间的关系、信息与结果的关系有了清晰的认识，我们才在解决问题的过程中前进了一大步。但是如果分析信息这一步没有做好，任何前期的努力都将付之东流。

当人们获取相关信息之后，一般可以使用以下三种逻辑推理的思路得出结论。

归纳法

即从若干个特定事实得出具有普遍性意义的结论。你拥有的重复性信息越多，从信息归纳出结论的理由就越充分。例如：如果发现 A 客户、B 客户、C 客户都在抱怨某个零件故障，由此便可以推测该零件的质量有瑕疵。

演绎法

即从普遍性结论或通用前提，推广到个别特定的事件。演绎法能有助于提高信息获取的质量，增加思考的深度，提升辨别事物本质的认知能力。例如：在生产线上的一批产品中发现某个零件有瑕疵，那么这条生产线上的上一批或下一批零件中，也可能存在有质量问题的零件。

因果法

通过分析事物之间的关系，推测它们之间的因果关系。逻辑链条越长，越有可能触及问题的本质。例如：某零件有质量问题是因为机器设备发生故障，机器设备发生故障是因为新的维修人员操作不当，新的维修人员操作不当是因为公司对新的维修人员的培训不足。

要发掘问题的根本原因，没有哪种特定的方式始终是最好的，也没有哪一种技巧可以适用于所有的情况，很多情况下需要综合灵活运用上述三种逻辑思路，审慎分析获取的信息，才能得出有效的结论。

◆ **验证假设**

无论你使用哪种方法进行分析，在得到初步结论后，都需要确保它符合当前情形表现出来的所有征兆。除非后续加以验证，否则初步的结论只不过是假设而已，毫无价值。

你可以运用以下快速而经济的方法，验证你推论出的原因是不是正确。

- 进行必要的模拟或尝试性的解决方案；

- 研究历史资料和记录；
- 与专家、专业人士或拥有类似经验的人员进行探讨，征求他们的意见；
- 自我辩论。

研究历史资料和记录，与专家、专业人士或拥有类似经验的人员进行讨论，都是基于过往的经验和常识去证实你是否找到了问题的根源，进行必要的模拟或尝试性的解决方案则是面向未来。我们对问题发生的根本原因的看法可被视为需要以某种方式进行证实的假设，这需要我们先在头脑中设计出一种解决方案，并通过模拟或尝试，看看这种方案实际上是否能解决问题，然后根据验证的结果，决策下一步行动步骤，并及时采取行动。

如果这种假设性的解决方案能够通过验证——消除了“期望目标”与“现实状况”之间的差距，解决了问题，那么就可以说我们成功地找到了问题发生的根本原因；反之，如果无法通过验证——问题仍未得到解决，那么就说明我们仍未触及问题的根源，则可能需要选择次一级的原因并重复验证步骤，或继续深入分析，寻找问题的真正原因。

“自我辩论”，则是在我们认为自己找到了问题的根本原因时，通过和自己争论的方式来论证假设性结论的正确性。你可以自己在头脑中找出反例来驳斥自己最初的结论，也可以借助他人提出合理的怀疑、不同的可能性，甚至相反的主张。通过自我辩论，我们有机会去考虑其他的可能性，并增强后续行动的信心。

当然，所有的验证方法都必须建立在调查研究的基础上，都必须以客观事实为依据。

○ 展：解决问题

这一步骤需要明确的是“有什么对策？”，即从若干备选方案中选择出最合适的方案。

在这一步骤中，你需要充分利用不同的观点、专长和创造力，发挥创造性思维，想出更好的解决方案，然后确定满足决策需要的评估标准和方法，审查各个备选方案满足评估标准的程度。经过评估之后，最符合标准的方案最有可能成为最佳决策。

“创造力”是决策者应该具备的特质，它鼓励当事人打破既定的思维框架，不断尝试从新的角度找到行之有效的应对策略。“真正的发现之旅不在于寻找新的风景，而在于拥有新的眼睛”，20世纪法国著名小说家马塞尔·普鲁斯特的这句话对“展”这个步骤来说再恰当不过了。一旦决策者拥有“新的眼睛”，或者说用新的视角来看待事物，面前的风景瞬间就会变成一个拥有更多可能和更大潜力的地方。从一个视角看来似乎是不可能的事情，换一个角度就会变成可以轻松解决的事情。

正如励志演讲家托尼·罗宾斯所言：“你提问题的质量决定了你生活的质量。”卓越的领导者将问题转化为挑战，将挑战转化为机遇，再将机遇转化为成就。

◆ 产生方案的关键原则

问题分析与解决就像吃饭，不能因为吃完最后一个馒头饱了，就认为应该直接吃最后这个馒头。如果发现问题是第一个馒头的话，分析问题就是第二个馒头，找到根本原因之后，还要解决和落实问题，也就是还有第三个和第四个馒头要吃。

在找到根本原因之后，人们却常常苦于拿出好的、更具创造性的解决方案。由于我们的思维受限于我们以往的学习经验、所在的行业或职能，或者怀有“一切照旧”的心态，总是希望重复以往的成功，或一次就想把事情做对，导致我们的想法了无新意。

为寻找更好的解决方案，产生创意和想法，需要与不同背景的人相互碰撞，同时，他们之间又相互合作，对创意和想法的雏形加以提炼、改造和提升，使之切实可行。就像是一堆普普通通的石块，在磨石机中相互撞击、摩擦、砥砺，发出些许刺耳的噪声，但是当你再次打开机器时，它们最终都变成圆润光滑的美石。

以下四个关键原则可以为你奠定这方面的基础。

广撒网，多拣鱼

你的备选项越多，越有创意，筛选出好的备选项的概率也就越大。虽然这看起来微不足道，但是很多决策者没有获得一个好的解决方案，原因正是他们备选项的数量不足。“广撒网”的意义在于，考虑的备选项越多，找到一个真正不错的方案的概率就越高。

不评判，不打击

鼓励人们想出非凡的创意的第一件事，便是不要打击他们。在等级制度森严的大型组织中，很多非凡的创意或想法因为被过早评判，根本无法到达高级决策层，因为主管们认为这些想法愚蠢或不合适而过早将它们过滤掉。不要草率评判或过早地过滤掉一些想法，你需要尽可能地列出所有想法——不管它们看起来有多么奇怪。过早地对想法或备选项进行评判，对发挥创造力无益。

换框架，新视角

经验和习惯会提高效率，却以牺牲灵活性和生机勃勃的创造性为代价。由于人们的思维受限于自己所在的专业、行业和环境，“过分看重质量，忽视数量”的观念，常常使人们提出的想法或点子了无新意。当尝试转换思维框架，从新的视角来仔细审视这些想法时，你很可能会发现有些想法不仅非常有效，而且切实可行。

多样性，突破性

多样性带来突破性。集合拥有不同背景的人们一起来探讨可能的解决方案，会激发更强的“化学反应”，往往更容易产生意料之外的绝佳创意，这些人可能拥有不同的知识、经验、技能，可能属于不同的人群和出生年代，可能跨越了不同领域和层级，可能来自内部或外部，甚至可能有些人让你感到不太自在。但是，就像打乒乓球，创意的想法不停地弹过来，又弹过去，而最有趣的比赛，往往在背景截然不同的对手之间进行。

◆ 激发创意的举措

像竞争对手一样思考

如果需要解决的问题涉及竞争，那么，你首先就要学会像你的竞争对手一样去思考。兼顾一下他人的视角，看看竞争对手、客户、团队成员或合作伙伴是怎么想的，这是至关重要的。所谓的战略眼光，就是要比别人看得更长远，能够打破自身的认知局限，敢于对自己的想法进行批判。

当你转换视角或从不同的角度来审视，反而能够看到新的机遇或威胁，新的优势或弱点。思维方式的变化，让人们能够设想出尚未出现的竞争威胁，这会带来一系列激发创意的机会。

重新设置意见箱

设置意见箱，可能会被很多人认为是“老古董”的方法，不会引起人们的兴趣，大家也不会认为可以收集到什么极具创意的解决方案。但是，这种方法未能发挥效用的原因不在于方法本身，而在于人们向意见箱（或电子意见箱）投放自己的想法之后，发生了什么——结果往往是石沉大海。

通过设立评估机制来甄选人们提出的建议或想法，对最佳创意进行认可和奖励，以及深入研究落实计划，人们能够感到他们的建议或想法被决策层听到了。当意见得到及时的反馈，并且知道这种参与性的行为可以得到决策者赞赏的时候，人们才会重复这些良好的行为。

让创新者评估创新者

斯坦福大学教授贾斯丁·贝尔格发现，马戏团演员在评估同事的新节目受欢迎程度时，其准确度是经理的两倍。听得见炮声的士兵才对前线的战事有着最敏感的反应。

新的理念最适合由其他创新者来评估，他们会更敏锐，他们会更仔细、更务实，也比一般领导者更愿意考虑相对激进的理念。

营造竞争氛围

对于需要用创造性解决的关键问题，可以设计和集中举办合适的创新比赛，这样能够在相对短暂的时间内得到一大批创意。由于参与者花费大量时间去思考和准备方案，因此会产生具有更高质量的创意。

珍视“唱反调者”

持有不同的意见表明了人们对问题的关注和投入，也会激发创造力。亚伯拉罕·林肯做过的一件事很有名，就是邀请政治对手进入他的内阁（担任总检察长、国务卿、陆军部长、财政部部长），因为他知道他们会真心提出反对意见。在一次伯克希尔·哈撒韦股东大会上，巴菲特就请来一位做空公司股票的投资者，并请他提出批评意见。

带头接受反馈意见

出于不安全感，决策者常对建议采取防御姿态，于是，大多数人也保持沉默，避免惹上麻烦。某知名软件公司的CEO就曾召集上百名员工，让一位外部咨询顾问当着所有人的面给他负面反馈，并展现出勇于接受反馈的行为。当人们看到决策者认真听取批评意见之后，才会开始变得勇于表达观点。

◆ 决策标准

有一家英国报纸曾举办过一个设有高额奖金的征答竞赛，

想以此来提升报社的知名度。题目的内容是：三位科学家搭乘一个热气球在热带丛林上空旅行，在这三个科学家中，一位是核专家，他有能力阻止全球性核战争爆发，一位是环保专家，他可以解决现在已经很严重的环境污染问题，让人类得以延续，还有一位是粮食专家，他能够解决目前正处于饥饿中的数十亿人口吃饭问题。但是，他们突然发现热气球漏气了，无法承受三个人的重量，导致热气球急速下落，眼看就要坠毁。在扔下了所有能扔的东西以后，热气球下降的速度仍然很快，必须丢下一个人。问题是：在这个危急关头，究竟该把谁丢下去呢？

征答活动开始后，来自英国各地乃至其他国家的许多读者纷纷给报社写信寄出自己的答案。人们给出的答案众说不一，有的人甚至写了长篇论文来证明自己给出的答案的合理性，但是最终赢得奖金的却是英国一个十岁的小男孩。

猜猜他的答案是什么呢？

"扔下最重的那个人。"

为什么这个答案是正确的呢？我们想要的结果是"安全降落"，在这个问题中只存在两个因素："体重"和"能力"，但是，起到最终决定性作用的只有一个因素——"体重"，而"能力"这个因素没有起任何作用。在这个安全中，"体重"

才是有效因素，“能力”是无效因素。

以上这个故事的来源我们无法考证，也不知道它的真实性如何，但是，我们可以从这个故事中得知，面临众多备选项的时候，你需要进行有效的选择，而进行有效选择的前提是根据对结果影响的重要性程度确定决策的标准，即必须满足“边界条件”。决策的边界条件定义得越精准，达到既定目标的可能性就越大；反之，如果在定义边界条件的问题上出现重大缺失，那么失败的决策将成为必然。

“设立决策标准”是决策过程中的关键步骤之一。决策标准需要具备可衡量性和可观察性，我们可以从范围、成本、质量、时间这四个重要的维度去思考。

这四个维度中任何一个维度的变化都会对其他一个及以上的维度产生影响。例如，你必须要在短时间内完成一个任务，往往需要付出较高的成本，可能需要牺牲一定的质量，或者以减少不必要的其他活动为代价。

但是，它们之间的关系也是辩证的，可以互相转化和包容，需要在这四个维度之间取得最佳的平衡。比如：“成本”除了经济成本，也包括时间成本、机会成本、社会成本、心理成本等。经济成本低可能导致的结果是社会成本高，心理成本高。“时间”也意味着时机，把握好时机对于降低成本和保障质量都有很大的正向作用。有时，错过了最佳时机，质量再好、成本再低、措施再多，也于事无补。

你通过各种方式获得了众多备选方案，但在现实情况下，你无法实施所有方案，也没有必要这样做。如果你获得的备选方案数量众多，首先，你需要删除那些与你的决策目标毫不相关的备选项，接着，依据评估标准，通过有效的评估方法进行“海选”，把明显不适合的备选项筛出去，然后，进行更谨慎的“精选”，把最合适的备选项筛进来。

你的最终决策取决于哪个备选方案最符合决策标准。你需要将决策标准记录下来，据此检查各项备选方案的可行性。卓越的决策者不仅能够洞察未来，更能清晰地描绘出达成目标的最优路径，识别出路径中面临的挑战，并采取应对措施。

◆ 底线思维

看到以下企业的组织理念，你会觉得这些企业的形象是怎样的？当然，你也可以猜测一下这些组织理念各自属于哪家企业。

商业操守准则：

“相信自由市场的力量是我们对公众的承诺。我们合法获取竞争对手的信息。我们不会通过违法的手段获取竞争对手的信息，如窃取、敲诈、窃听、非法侵入，以及其他违法手段。”

行为规范：

“作为公司管理者及员工，我们承诺以高道德标准与诚实的方式进行商业事务，并使之与所有适用的法律相符。”

使命宣言：

“我们的使命是通过知识、创意和奉献精神，与我们的客户建立无与伦比的伙伴关系。我们珍视与客户的伙伴关系，并为我们的股东创造卓越成果。”

读到这些组织理念时，可能在你在头脑中浮现的是正直诚信、客户导向、追求卓越的企业形象，然而，当我告诉你这些组织理念属于以下这些企业时，你又会有怎样的感受？

商业操守准则——《世界新闻报》；

行为规范——安然公司；

使命宣言——雷曼兄弟公司。

创刊于 1843 年的《世界新闻报》，堪称新闻报业界的老前辈，独家揭秘是它的最大卖点。它宣称不会通过违法的手段获取竞争对手的信息，但事实上却不惜通过窃听、造假等毫无职业道德和原则底线的手段获取新闻，最终引起众怒，报纸也被迫关停。

作为世界上最大的能源服务公司之一，安然公司曾经连续六年被《财富》杂志评选为“美国最具创新精神公司”。然而，它却只是虚报收入和隐瞒债务而形成的“一座用纸牌搭成的房子”。持续多年的惊人骗局，以及系统性的财务作弊，使得这家号称持有上千亿资产的巨型企业在短短几周内就破产了。

非常类似，早年的雷曼兄弟公司是一家经营有实际价值的商品的企业，然而，不顾客户利益“兜售垃圾”让这家公司走上了绝路。曾任纽约州参议员的赫伯特·雷曼在退休前谈及巨型企业的危险时说：“虽然掠夺和贪婪横行肆虐，但崩盘的时刻终会到来。”

德鲁克曾说，价值观是企业决策的“边界”和“底线”。怎样理解这句话呢？

讲一个孔子的故事，这句话便特别容易理解了。孔子和他的弟子们在周游列国的时候，有段时间在陈国和蔡国故地的边界被敌人包围了，七天没有粮食，只得靠菜羹果腹。子路作为年长的弟子，跑来责问老师，表达他的困惑不满：“君子亦有穷乎？”（我们都是正人君子，为什么正人君子却沦落至穷途困境之中呢？）听了子路的怨言，孔子从容地道出了君子和小人在面临穷途困境时的区别：“君子固穷，小人穷斯滥矣”（君子在至暗时刻，无论如何还会坚守自己的价值观，而小人在面对困境时，就没有底线了，什么事都干得出来）。

用孔子的这则故事来理解价值观在组织决策中所扮演的角色是非常适当的。比如，你所在的组织有一个价值观叫“诚信”，当面临能够降低成本，但有可能出现损害客户利益的选择的时候，你会如何去做选择呢？其实，这个选择的边界和底线就是我们的价值观。

所以，我们必须问问我们自己：

- 面对艰难的决策时，我们秉承怎样的底线？
- 我们值得拥有这个价值观吗？
- 我们怎么样才能配得上这个价值观对我们提出的要求呢？

◆ 战略失算、机缘巧合与组织学习

1984 年春季，《加利福尼亚管理评论》刊登了一篇文章——《战略视角：本田成功背后的真实故事》，文章中所剖析的案例让人深感意外，同时也让人深思。

文章作者理查德·帕斯卡尔以他定义的“本田效应”开篇，提到战略“深受实证模型和理念影响”，战略形成过程中

“通常由高级管理层设定战略方向，并假定由高级管理层驱动”。就像“我们不理解他们对歌舞伎和相扑的热情”一样，但日本人觉得强调战略非常奇怪，认为这种专注反而会限制人们的外界视野，从而有可能失去对客户、科技以及竞争格局变化的觉察。

人们感到印象深刻的是“本田效应”——关于本田公司进入美国摩托车市场取得轰动性成功的不同解释。本田从1959年首次进入美国市场开始，7年之后便占据了美国轻型摩托车市场60%的份额。

1958年，本田公司将第一代超级幼兽车型推向市场，这是一款“带有自动离合器、三速变速箱，像自行车一样安全并容易操作的摩托车”。这一产品一经推出便迅速获得了成功，截至1959年年末，本田成为日本最大的摩托车制造商。

帕斯卡尔引用了波士顿咨询公司（BCG）于1975年发布的一项研究报告。该报告认为日本国内摩托车市场20世纪50年代的增长提升了本田“小型摩托车生产能力”以及“规模成本效益”，使这家日本公司在20世纪60年代迅速渗透了世界市场。

然而，通过去日本采访曾实际负责本田进入美国市场的六位高管，帕斯卡尔发现超级幼兽的市场成功并不是本田进入美国市场的背后推力。川本喜八郎考察美国市场后，“拍脑门定下目标”——准备占领10%的美国进口市场。他说，“我们根本没什么战略，有的只是一个看看我们能不能在美国卖出什么东西的想法”。

本田公司本认为大型摩托车肯定能在美国大卖，但事实却并非如此。然而，事情出现了令人难以想象的反转。本田团队经常骑着超级幼兽跑腿，这一不经意的细节却引起了众多关注。事实表明，超级幼兽的销售态势异常迅猛，一些非传统摩托车经销商，如运动品商店也开始竞相销售超级幼兽。

言而总之，这是一个有关“战略失算、机缘巧合和组织学习”的经典案例。1963年，“本田带你遇见最美的人”的广告名声大噪，进一步加速了本田摩托车在美国销量的增长。

明茨伯格曾经警告说：“千万不要把战略变成马的眼罩。战略可以使组织直线前进，但僵化不变的战略思维，会让组织失去观察周围世界的眼光。”犹如在海面上行驶的巨轮，如果没有明确的方向与航线，便无法到达目的地，但在未知的水域中，只是遵循既定的航线行驶，则有可能撞上冰山。经验关乎过去，而决策则关乎未来，只是死板地执行决策，会使人们丧失观察力，失去获得成功的可能性，同时也会丧失多样性，失去创造力的源泉。

真正成功的战略决策，很少是灵机一动的结果。而是要在多变的天气，做到未雨绸缪。同时，战略决策很少能够做到彻底深思熟虑、全面周详。理想的战略决策，应该是轮廓和关键路径是可靠的，而行动细节则允许出现意外和调整。

亚伯拉罕·林肯说得好："我会做好准备，我的机会必将到来。"

合：落实问题

这一步骤包含两层含义："如何去实施？"及"做得怎么样？"

第一层含义是"如何去实施？"——决策的目的是实施。根据决策的规模和范围，你可能需要全面思考具体实施的方法。在执行决策的过程中，如果人们不明确知道自己需要做什么，或不按正确的方式去执行，这个决策极有可能会面临失败。

第二层含义是"做得怎么样？"——决策需要复盘。回顾已经完成的决策，总结哪里做得成功和哪里不那么成功，深入探究背后的原因和规律，并制定改进计划。总结出的这些经验和教训可以为未来决策提供借鉴，也可能开启新一轮问题解决与制定决策的旅程。

“合”这一互动步骤体现的是决策者应具备的又一个特质——“执行力”。IBM前CEO路易斯·郭士纳一语中的：“销售不追踪，到头一场空！”——以为针对既定的问题提出了有效的解决方案，就天真地认为预期的结果会自行达成，这对决策者来说，既是一厢情愿，也会追悔莫及。在这一步骤中，领导者一方面需要将解决方案落实为具体的行动计划，并在执行过程中，持续跟进这些计划的实施，确保达成最终的结果，并持续加强和巩固这些成果。

◆ 如何实施

决策的目的是实施

美国陆军上将施瓦茨科普夫讲过他曾经效力过的一位将军的故事。在一次会议上，有人要求这位将军对一件在当时已经近十年仍悬而未决的事情做出决定。这位将军说：“先生们，答案很明显。”在给出了自己的意见之后，他继续说：“这就是我们的决定。开始做吧。”施瓦茨科普夫会后走到这位将军面前说：“将军，我觉得您完全不知道这些人都在讨论什么。”

这位将军的回答令人震惊："近十年来没有一个人愿意为这件事情做决策…… 我们得想个办法推进实施。这就是我刚刚做的事情。如今那些优秀的人都会开始着手去做，也许会奏效，也许不会。但他们会知道这条路行不通，然后再去改变方向，继而走上正轨。但目前的问题在于，这件事情已经成为毫无任何进展的僵局。决策就是力量，我来这里的目的就是做决策。这也是我的职责使然，当领导的就得担负这个责任。"

决策的目的是实施。有些人做决策很轻松，而且享受决策的过程。不喜欢做决策的人总是要等到从所有信息来源取得所有信息，对决策有百分百的信心，才会采取行动。结果通常会导致问题恶化、有新问题发生、机会过期作废，或者被其他人抢先做了决策。

决策在被分解为具体的任务之前，充其量不过是良好的愿望。虽然高质量的决策是基于概念层面的理解，但其落实执行则应尽可能地接地气、尽可能地简单易行。

确保执行的关键要素

很多人只强调敏捷执行可以让成本更低、交付更快、质量更高，却没有强调，敏捷执行还需要严格的纪律来约束团队，这需要与时俱进。敏捷也需要多次操练实践，并且因时而变，让敏捷成为一种习惯，这样才会真正具有价值。

因此，确保决策的有效实施，必须关注以下四个关键要素。

- 持续沟通

在决策和实施的过程中，必要的、频繁的交流才能确保信息的流畅。除了定期的沟通和交流之外，根据不断变化的形势与现状，持续的、及时的沟通才能敏捷快速地发现问题、识别问题和解决问题。

决策的利益相关者需要通过协商沟通的方式，尊重和交流不同的想法和观点，及时从合适的人那里获取相关的信息，并及时传递信息。

- 明确责任

决策者需要明确各自的角色与职责，事先判断人们的能力与动力水平，促进人们理解各自对成功的贡献或失败的影响，彼此寻求和提供帮助，扫除决策执行过程中的障碍，以达成既定的目标。

- 协调一致

高效的决策执行过程就像一部精密的机器，每个利益相关者、部门/团队、系统/流程就是组成机器的零件。只有每个零件都正常运作，整部机器才能正常运转，如果某个环节掉链子，就会造成整个任务的失败。

决策者需要谨慎思考战略协同、机制协同及跨界协同的问题，包括但不限于：

- 决策或任务本身与组织更高层面的战略目标是否紧密相关；
- 组织或团队的文化是否支持决策任务的执行；
- 相关的组织架构、角色职责之间是否存在冲突；
- 绩效管理与激励机制是否匹配任务的执行；
- 运营的流程、技术、资源是否到位；
- 如何促进跨领域合作（如跨团队、跨部门、跨地域、跨行业等）。

这一切都需要决策者具有纵观全局、平衡长期与短期目标的能力，需要严格的纪律，也需要决策的执行者日复一日严格“训练”。

- 有效衡量

“无法衡量，便无法管理。”决策者确定具体的短期和长期目标，确定评估结果的方法，并定期回顾进度和结果。有效的衡量能够确保人们在任务执行的过程中始终聚焦在最重要的事情上，并保持一致性。

明智的决策者不仅会设定最终的结果指标，也会设定关键的过程指标。他们的眼睛不是死死地盯住结果指标，而是更为关注过程指标，因为他们明白只是盯住结果指标对最终的结果无济于事，他们知道只要保证过程指标的达成，结果便是自然而然的事情。

规划执行

在决策过程中，根据决策的规模和范围，你需要全面思考具体执行的方法。决策执行中，如果人们不明确自己需要什么，这个决策很可能会偏离正轨。即使是简单的决策，也需要有计划和标准，来确保决策得到执行并达到预期效果。

为真正确保“正确的人，在正确的时间，以正确的方式，完成正确的事”，让利益相关者参与决策的过程，以及保证规划执行的过程是必不可少的。如果你必须独自拟定计划，在付诸行动之前要先请其他人审核。

在理想情况下，人们通常认为“达成共识”是最好的方式，但是，现实情况远比理想中的复杂得多，能够达成共识固然美好，但它也会有诸多限制和代价，比如，需要耗费较长的时间，降低决策的效率，讨论的质量取决于参与者的成熟程度等。没有哪种方式是最完美的或是放之任何情境都是最好的，只有在恰当的时机，采取恰当的方式，才能达到预期的结果。

明智的决策者深知“共识”不是简单地折中妥协，也不是投票，更不是让少数人服从多数人的意见，而是真正地理解和接受，承诺行动。然而，达成共识的过程不仅需要保证参与者拥有充足的时间针对议题进行探讨，更需要参与者拥有基于规则之上的互动沟通的技能。

以下是建立共识的小技巧。

- 仔细聆听
  - **充满好奇**。好奇心是激发人们进行探索的首要因素，它不仅意味着对事物充满好奇，更意味着对他人充满好奇。
  - **检查假设**。聆听的主要障碍之一是人们的“**内心之声**”，只有先放下对他人预先设置的假设，才有可能开放和专注地聆听。

- **了解原因**。如果遇到疑惑或障碍，与其对他人进行主观评判，不如给对方一个机会澄清问题背后的原因或动机。

- 鼓励参与
  - **不要假设“沉默”意味着认同**。真正可怕的不是反对的声音，而是没有声音。通过询问、聆听、鼓励的方式，促进人们参与到议题的讨论中来。

- 寻求异见
  - **分歧是正常的和有利的**。谈到冲突，人们头脑中出现的第一个词常常是负面的，但冲突也是积极和正面的，它会使讨论更有深度，产生更多创意，增强团队能量。
  - **直面冲突，改变回避冲突的观念**。面对冲突与共识，有两个关键点——坚持自己原则的能力，以及与他人合作的能力。

- 珠联璧合
  - **结合他人的想法，勇于调整自己的观点**。达成共识并不是意味着推销自己的想法并说服他人，如果在讨论的过程中，他人的想法和观点对问题的解决与决策更具价值，那么就应该非常乐于被他人所影响。

- 平衡权力
  - **让有权威或影响力的成员最后发表意见**。元帅很少说话，因为他说得每一句话，都会被当成命令。
- 时间充裕
  - **需要充足的时间，确保充分的讨论**。达成共识的过程既是对信息进行充分分享与交流的过程，也是对困难、疑问、顾虑和担忧进行澄清的过程，还是“最优”解决方案的产生过程，这都需要充分的时间。
- 检查理解
  - **确认人们理解决策，并能够解释为什么这是最佳决策**。通过复述和询问，帮助人们真正理解，并确保大家都在“同一频道”上。

◆ 做得如何

决策需要复盘。经验是有价值的，但太多的人在一件事情成功之后，只顾欢欣雀跃，而不去反思：自己取得成功的关键在哪里？如何使成功故事得以继续？也有很多人在一件事情失败之后，只会低头懊恼，而未去复盘：自己为什么会失败？可以采取哪些措施防止类似的失败再次发生？对此，温斯顿·丘吉尔有个形象的比喻："人有时或会被绊倒在真相上，但大部分人爬起来后，急着去忙自己的事情去了。"

比如，象棋大师和运动冠军们，他们在比赛前进行准备和钻研的时间，远多于花费在真正比赛上的。在比赛结束之后，他们会回顾比赛过程中的每个细节，发现问题，明确需要改进的目标，进行大量的刻意练习。在此过程中，他们会收集大量的反馈，从而帮助自己进一步发挥"优势"或准确纠正和调整自己的"短板"。

○ 解决正确的问题，还是正确地解决问题

市场竞争实质上是解决问题和制定决策能力的竞争。"启"（发现问题）、"澄"（分析问题）、"展"（解决问题）、"合"（落实问题），是一个系统的流程，它关乎组织核心竞

争力的培养和发展。如表4-1所示，决策流程的“分析”阶段（“启”“澄”）是信息的输入，“解决”阶段（“展”“合”）则是信息的输出，只有保证正确的“输入”才能保证正确的“输出”。“分析”阶段的关键是“解决正确的问题”，而“解决”阶段的关键是“正确地解决问题”。

表4-1 决策流程

决策流程	特质要求	阶段	信息	关键
启（发现问题）	好奇心	分析（诊断）	输入	解决正确的问题
澄（分析问题）	审辩性			
展（解决问题）	创造力	解决（治疗）	输出	正确地解决问题
合（落实问题）	执行力			

决策者正确的行动来自正确的决心，正确的决心来自正确的判断，正确的判断来自缜密的分析，以及将各种信息连贯起来的思考。

现在，请你思考一下如下几个问题。

- 我们应该花费更多的精力在“分析”阶段，还是“解决”阶段呢？
- 我们实际花费了更多的精力在“分析”阶段，还是“解决”阶段呢？

- 在“分析”和“解决”阶段，花费精力的不同，会对决策的质量产生怎样的影响？

我们解决问题和制定决策的方法是一个循环或系统思考的过程。正如不同决策类型之间的灵活的逻辑顺序，决策流程中的各个步骤并非按照固定不变的顺序进行，它们可能互相重叠，可能多次往复，也可能前后挪动。

让人们感到意外的是，在现实中，决策者在制定决策时很少像人们通常认为的那样进行系统的思考。他们很少理性地设计目标，评估这些目标的价值，探索实现目标的各种方案的可能性及选择能带来最大回报的途径。有些决策者并没有经过缜密的分析，尤其是他们遇到特别紧急或极为棘手的问题的时候。

作为决策者，与其说你应该是“问题解决者”，不如说你更应该是“问题发现者”，致力于全局性的思考，对关键问题进行宏观把握，去解决正确的问题。作为决策者，与其说你的目标是拿出最佳解决方案，不如说你的目标是如何将想法转化为现实。做出高质量决策的挑战是决策者需要灵活运用思维技巧，时刻保持“好奇心”和“审辨性”，充分发挥“创造力”和“执行力”，并在任何情况下都能有效地使用它们。

决策的策略和核心技巧

子绝四：毋意，毋必，毋固，毋我。

——《论语·子罕》

大脑的“刹车系统”——前额叶皮质，作为大脑的理性决策中心，可以帮助人们强化认知分析与控制，避免落入自我设定的想象中而无法自拔。决策的策略和核心技巧对发挥“大脑理性决策中心”的作用极为关键，将帮助你未雨绸缪，将精力聚焦于决策的目标与实施过程中，有效识别及预防决策偏见，从而做出高质量决策。

○ 策略一：以小博大

善用人类的惰性和惯性来战胜决策偏见。哪怕对所处的环境做出些微改变，也能无意识地触发行为和决策的优化或提升。

◆ 技巧 1：巧用助推

对于那些喜欢即时享乐而不想储蓄或拒绝加入退休金计划的人，你有什么办法？如果把储蓄或养老金计划被设置为默认选项的话，就会迫使人们采取额外的精力才能拒绝储蓄或避免加入养老金计划的操作，从而增加储蓄率及养老金覆盖率。

把一大包的整袋零食，拆分为若干个小包装，通过化整为零，就可以避免零食的过量摄入；面对重大决策时，放慢思考的脚步，把你的判断“悬挂”，经过一个晚上或数日“发酵”，你会发现自己有了更正确的答案。当然，决策的难度取决于选项之间的差异，困难的决策往往需要更长的决策时间。通过“自我设障”，创造一些小的干扰因素，增加大脑付出的认知努力，增加决策的操作难度，就能有效抑制直觉冲动，减少认知偏见，避免错误决策。

上面这些例子都支持了“助推”所产生的积极效用。助推原指“用胳膊肘轻触他人，以起到提醒或引起他人注意的作用”。诺贝尔经济学奖得主理查德·H. 泰勒提出的这种方法只是通过改变选择架构，并不禁止任何选项、不显著改变其经济诱因，就能帮助人们的行为发生预期的变化。

偏见如此顽固，以致我们时常感到无能为力。鉴于大脑“好逸恶劳”的特性，它会将你的“最佳时间”（一天中精力最旺盛的时段）用于处理最需要调用认知资源的事务，如对实现公司战略影响重大的决策或任务，这样能有效聚焦大脑能量，减缓决策疲劳，降低发生决策失误的概率。

有人称亚马逊创始人杰夫·贝索斯是追求客户体验到走火入魔的 CEO。他被公司内的人们称为“空椅子 CEO”，原因是他在开会时，常会放一把空椅子在会议室中，意指这把椅子上是这个房间里最重要的人物——顾客，是为了提醒决策者们，如果顾客坐在这张椅子上，也参加这个会议的话，他们会如何看待会议议题及做出的决策。

建立这种与偏见相抗衡的自动联想，并在日常生活中通过持续的可视化和信息凸显，就有可能在不断强化的自动联想中减少内隐偏见。英国于 1921 年率先在道路转弯处绘制白色指引线，以帮助驾驶员正确驾驶车辆。这种通过视觉参照和反馈提醒减少交通事故发生的有效做法，沿用至今。

将检查清单、偏见列表、警示信息等可视化，都不失为一种有效的助推方式。别小瞧写在易事贴上的一个提醒信息，这些小小的外部变化，就能让你在意识不到的情况下，改变自己的行为。

◆ 技巧 2：检查清单

医生在手术之前要仔细对照检查表，如果对可能发生的意外未提前做好准备，病人可能会有生命危险；飞行员在飞行前和飞行中使用例行安全检查清单，可以避免因遗漏操作细节，而导致惨剧的发生。

提前制订一个相对详细的清单或规划，会起到自我提醒和监控的作用，帮助我们避免由疏忽、遗忘、拖延所导致的决策失误。

阿图尔·加万德在他的《清单宣言》(*The Checklist Manifesto*)一书中强调，利用简单明了的检查清单便能帮助人们在信息泛滥的时代，有效应对复杂而不断变化的外部环境。清单法可以纠正可预见的、人们易犯的错误，通过识别过往失败决策中的习惯性偏见，阻止类似偏见再次出现。检查清单的结构性，可以促使我们更慢、更仔细地思考，更系统地处理决策中的具体问题。

特别地，在不确定性越高的情况下，检查清单越会发挥重要作用。虽然检查清单无法确保你一定不会失误，但它能够在你“过于自信”时，提供一个让你再次谨慎审视问题的机会。在进行重大决策的过程中，提前拟定一份检查清单并逐项审查，显得格外关键。检查清单关乎决策流程，而非决策内容。

作为个人，你也可以尝试列出用于自我检查的问题清单，敦促自己在做出重大决策之前关注到错误决策可能带来的后果，这样就可以有效避免“一言堂”现象或对潜在风险因素的忽视。

自我检查的问题清单举例如下。

- 这个问题是真正需要解决的问题吗？
- 我收集到足够的信息了吗？
- 有没有让不同领域的人参与进来？
- 对不同的声音，有没有进行深入的交流？
- 有没有考虑未来外部环境可能发生的变化？
- 对未来业务的发展会产生哪些影响？
- 举出决策可能带来的两个副作用？
- 如果方案失败，有没有可靠的替代方案？

当个体在列出清单或做规划时，会谨慎地回顾整个流程，精细地思考相关的细节（何事、何人、何时、何地、如何完成），列出清单的过程本身就会帮我们形成一种心理上的承诺，从而不易打破。

策略二：以偏概全

明智的决策者，不会将自己的精力放在如何消除个人的决策偏见上，而是承认和接受人人都有偏见的现实，关注如何善用其做出高质量决策。

◆ 技巧3：法庭辩论

彼得·德鲁克强调明智的决策者总是从不同的见解出发，相信“好的决策并非是从‘众口一词’中得来的，而是应该以互相冲突的意见为基础，从不同的观点和不同的判断中进行选择。因此，除非有不同的见解，否则就不可能有明智的决策。”在法庭之上，正反双方的辩护律师们各尽其责，将手中的证据事无巨细地呈交法官，而法官在仔细审查双方的证据、听取双方的辩词之后，做出最终判决。彼得·德鲁克认为决策的过程就应该像法官做出判决的过程，法官的职责并不是消除双方在立场和想法上的对立，而是让正反双方尽可能地展示所持有的“偏见”，从而让“真相”得以浮现，法官才能做出公正的判决。

盲人摸象，每个盲人都只从自己的偏见出发，但大家聚集在一起，相互理解，承认和平衡偏见，就能帮助我们看到完整的画面，也越来越接近“真相”。明智的决策者，擅于凝聚多样化的人才，他们可能来自不同的专业领域，拥有迥异的才华，但是，他们每个人都有权利在决策的讨论过程中，充分发挥自己的优势专长、经验教训，甚至个人偏见。“君子和而不同”，差异化的意见和建设性的冲突都是受欢迎的，如果在讨论过程中没有合理的冲突与纷争，成员之间就不可能真正地相互理解，就无法达成真正的共识，就会做出错误的决策。

不过，方法或工具本身并不能引起有价值的辩论，它更关乎人们的行为表现——即他们是如何进行辩论的。真正的辩论需要的是决策者在背景和个性上的差异，相互信任的氛围，以及一种不针对个人的讨论文化。最重要的是，这种辩论要求决策者拥有真正信任一个高素质管理团队的集体智慧，鼓励与会者对眼前的问题进行实质性的争论，保持自信和相互信任，使得辩论充满活力，而又不破坏人际关系。我们并不是建议决策者仅仅依赖团队中的大多数人的意见来做出决策，不过我们确实认为，如果缺少了决策者的领导力和角色楷模作用，这种方法就难以成功。

一旦做出了决策，就应该停止辩论，全力执行决策。决策者与当初持不同意见的人保持联系，并确信在实施计划时能尽可能帮助他们解决所关切的问题。

◆ 技巧 4：反过来想

达尔文在年轻时一旦发现自己的观察与自己的理论相矛盾，就会特别认真地对待它们。他要求自己在半小时之内将与自己的理论相冲突的观察和发现，记录在随身携带的笔记本上，因为他知道，只需 30 分钟大脑便会“忘记”那些反驳自己观点的证据。对自己提出的理论越是坚持，他就越是积极地关注和寻求不一致的线索。

在如今的商业环境中，大家都在担心自己的商业模式会因新技术和新模式的崛起而被迅速颠覆，因此，大家都在依据变化而不断调整商业策略。

“反过来想”的思维方式和技巧同样可以运用在我们的日常工作与生活之中。棋艺高超的选手擅长想象后续棋盘上的各种可能的“场景”，通过在头脑中进行周密的预演彩排，从而能够从容应对接下来的棋局。转换视角可以帮助决策者摆脱“锚定效应”，避免过于关注某个选项，从而为决策提供更多的可能性。

例如：

- 如果不选择 A，而选择 B，会发生什么呢？
- 如果我做出这个决定，他们（关键的利益相关者）会怎么想？这对他们意味着什么？
- 当大家都在说面临失业风险的时候，到底哪些东西是不会变的？哪些行业、岗位有着非常深的“护城河”？

又有哪些东西是值得我们真正依赖的？

你甚至可以尝试“穿越”，想象未来计划成功了，可能是因为采取了哪些行动；反之，想象未来计划惨败了，又可能是什么原因。

过于谨小慎微无法成事，但更多的人沦为自大与傲慢的牺牲品。很多决策者都有一个共同的特质：从不缺乏自信。明茨伯格提醒领导者们，组织所拥有的实际优势要比他们想象的小得多，而实际劣势却比他们想象的大得多。

“每介疑胜疑败之际，战兢恐惧，上下怵惕者，其后常得大胜。或当志得意满之候，各路云集，狃于屡胜，将卒矜慢，其后常有意外之失。”曾国藩在战场上切身体会到，只有始终保持一种如临深渊、如履薄冰的紧张状态，以及不敢骄横、不敢怠慢的谨慎态度，才能对形势拥有超出常人的清醒认识，才能确保在决策的过程中不出现失误。

如同从一个水晶球中看未来，认知心理学家盖里·克莱恩提出的“事前尸检法”是一种成本低、效果好的方法，能够有效抵消“乐观偏见”。它要求重大决策的参与者们在做出最终决策之前，想象实施了现有计划，但结果惨败，然后每个人用几句话简短描述这一惨剧是如何酿成的，从而帮助人们识别可能存在的风险或提出极具洞察力的见解，并采取应对措施。

○ 策略三：后入为主

人们天生喜欢捍卫自己的观点，为了去掉“人”的影响，明智的决策者绝不先做评判，而是“让子弹飞一会儿”。当你将注意力放在基于事实的讨论而非评判上时，你就消除了产生偏见的机会。

◆ 技巧5：盲听盲选

在前几年极为热门的选秀节目《中国好声音》中，导师转身的设计让人印象深刻。选手在台上演唱着歌曲，而明星导师们却背身坐在椅子上，对选手的外貌、性别和年龄一无所知。当听到自己喜欢的歌声时，“I want you！”，导师们拍案转身，一睹歌手风采，识得“庐山真面目”。只通过歌声来选拔优秀的歌手是对“好声音”这个节目主题的最佳诠释。通过“盲选”，排除了无关的“噪声”干扰，消除了“晕轮效应”，最大地保证了比赛的公平与公正——最好的声音，就是最好的歌手。

其实，早在70年代，“盲听”选才的做法，就已经运用在乐团演奏家的招募中了。当时大多数人的偏见是——男性比女性在音乐艺术方面更具天赋。在美国交响乐团中，女性乐器演奏者还不足10%，在新招募的演奏者中女性占比也不到20%。为避免“首因效应”，错失真正有才华的演奏者，一些有影响力的交响乐团尝试了一种新的选才流程：在面试官和候选演奏者中间放置一面屏风，面试官无法看到演奏者，只能通过演奏之声来评估候选人的演奏水平。采取新的选才流程的结果是，新招募的女性演奏者在交响乐团中的占比由不足20%跃升至40%。

在组织内外进行人才选拔的过程中，隐去候选人的姓名和其他可识别信息，只是将候选人的背景信息、经验、能力水平及各种测评结果，呈现给人事决策的参与者，将有助于决策参与者们以事实为依据进行人事决策，避免做出主观判断。在评估建议/创意/对策或合作伙伴时，采用匿名的方式，也更利于决策的参与者聚焦于事情本身，以减少人际影响或群体思维。当然，决策的参与者们也可以采用匿名的方式先进行独立评估，然后进行集体讨论并达成共识，从而做出一个更客观和理性的判断。

排除“人”的影响，聚焦于真正促成优秀表现的因素，就祛除了滋生偏见的机会。这样你做出的决策可能就完全不同了。

◆ 技巧6：事后表态

人们天生喜欢捍卫自己的观点。一个显而易见的事实是，如果人们事先表明了自己的态度或观点，那么在后续的讨论中，便极有可能不自觉地陷入捍卫自己事先判断的“陷阱”，使得讨论成为证明谁对谁错的争论，这会大大降低讨论的有效性。

在一些需要做出重大决策且极具挑战性的时刻，你可以采取“事后表态”的方法。为了让这种纠偏方法真正产生效果，首先，你要确保参与决策讨论的人在背景、对待风险的态度以及利益方面具有多样性。这些人或许拥有迥异的知识、经验和专业技能，可能怀揣截然不同的观点和主张，或者持有各自的偏见。

其次，要确保大家在进行讨论的过程中，只可呈现自己所掌握的资料信息，以及自己的想法和观点，禁止表露自己的立场或判断。由于参与讨论的人并不需要表露个人偏好或立场，便不会有自己的想法或观点“被人钉在墙上”任人评判的担忧，从而避免了为竭力证明自己的正确性而激起的无益的辩论，减少了不必要的摩擦。相反，参与者在安全的氛围中，不用担心破坏人际关系，而是将注意力聚焦于决策本身，大家坦诚沟通共同看到的正面或负面的事实证据，讨论过程充满活力，继而激发出更多富有价值的洞见和创意。更为重要的是，人们在这个过程中，有机会意识到自己的偏见，从而更乐于考虑他人的想法，并勇于调整自己的观点。

在发言的顺序上，可先从职位最低的人开始，所有人畅所欲言，鼓励与会者坦陈那些可能带有偏见的个人经验和利益，而领导者最后才发言，在此讨论的过程中，不做任何评判。

○ 策略四：旁观者清

“旁观者清，当局者迷”，认知偏见最强有力的对手来自外部。在做出重要决策的关键时刻，借助“局外人”视角可以帮助我们纠正偏见，完善决策。

◆ 技巧 7：互审程序

你一定有过这样的经历：自己写的文字，即使经过自己认真检查却仍很难识别的错误，别人却可以毫不费力地将它们找出来。没有人能看见自己的后脑勺，人人都会有自我盲区。领导者犯了一个普通的错误后，有时能够凭借自己以往的经验来避免重蹈覆辙，然而，当偏见登场之时，他们往往浑然不知。事实表明，越是在决策的时刻，人们就越是容易陷入自我设定的泥潭之中。当我们的大脑运用无意识网络，发挥“以最少的认知资源快速应对复杂情境”的策略时，我们便得到了“局内人”视角，认知偏见不断地引诱着我们，并主宰我们做出判断和预测。

正如约哈里窗口，信息的沟通可以被划分为四个区（见图 5-1）。

- **开放区**：自己了解，他人也了解。
- **未知区**：自己不了解，他人也不了解，又称“封闭区”。
- **隐秘区**：自己了解，他人不了解，也称“隐藏区”。
- **盲目区**：自己不了解，他人了解。

图 5-1　约哈里窗口

人们常说："旁观者清，当局者迷"，为了使得决策更有效，我们应该扩大"开放区"，减少"隐秘区""盲目区"和"未知区"。你很难认知到自己在决策中的偏见，但却可以轻而易举地觉察到他人类似的偏见，比起我们自己，他人更容易发现我们的错误。"局外人"之所以比"局内人"更容易看清局势并做出更有效的估计，原因在于"局外人"能够整合更多的信息和数据用于决策，而"局内人"却常因不切实际的乐观而高估自己的能力。在做出重要决策的关键时刻，借助"局外人"视角可以帮助我们纠正偏见，完善决策。

既然"局内人"看不见自己的偏见，由决策事项的提出者来进行自我评估，自然是不合时宜的。在内部设立互审程序——部门之间或同伴之间相互审查关键的决策流程，是极具现实意义的实操办法。当某个团队成员提出某项决策提议时，"局外人"（如团队领导者、团队内部或外部同事等）进行评估；反之，当团队领导者产生某个决策意向时，了解情况的利益相关者便可作为"局外人"来负责审查。"局外人"可能来自组织内部，如本部门负责人、利益相关部门的负责人，或是不同层级的同事，也可能来自外部，如供应商、客户、合作伙伴、顾问，甚至竞争对手。

激活组织的最大障碍，不是员工提出的建议不够好，而是他们缺少能够发声的机会。苹果公司的不同凡“想”，很大程度上依赖于史蒂夫·乔布斯个人，但并不代表他是一个能够包容不同声音的人。明智的决策者的重要特征之一，是在面对易变性、不确定性、复杂性和模糊性时，仍然能够与之共舞。然而，残酷的事实是，在众多企业领导者当中，很少有人能对多样性和不同意见泰然处之。

或许你常常听到领导者说一些正确的大道理，比如“每个人都有表达自己想法的自由”或“我们欢迎任何不同意见”。但是，现实中人们却不这么做，或许是因为领导者和员工们内心都缺乏“心理安全感”（或信任感）。人们能非常敏感地捕捉到领导者发出的这些信号，为保障自己的安全，尽量避免不适或冲突的发生，其结果便是人们无法产生非凡的创意，无法坦露心声，最高决策层自然也就无从知晓。消除这种心理不安全感的关键在于——领导者的好奇心。尽管人们的创意或想法可能听起来未必现实或具有价值，但领导者的好奇心会让提出这些创意和想法的人们倍感尊重和被激励。

“以人为镜，可知得失。”容忍甚至培养“唱反调的人”——正直并有勇气向你反馈真实意见的人，的确非常重要，也非常有效，因为他们会找出决策中可能的漏洞，弥补领导者自身的某些弱点，并纠正偏见。对于重大决策，安排一两个职责明确的挑战者，会促使决策者认真考虑反对意见。

尊重想法的多样性，允许人们提出不同的意见，会使决策的质量变得更好，当然执行的难度也变大。坦承自己的过失，调整既定的方向，绝非易事，领导者需要拥有这样的能力，更需要拥有极大的勇气。如果人们信任领导者，并且拥有发表不同看法的机会，那么领导者得到的回报也将会是非常惊人的。因此，明智的决策者在具有说服力的事实和论据面前，乐于调整自己的立场，改变讨论的格局，哪怕这些人只是“坐在后排”“人微言轻”。

◆ 技巧 8：有效试错

对大多数决策者来说，决策是令人头疼的问题。他们可能因为不确定性和恐惧而犹豫不决，“现状偏见”和“负面偏见”便成为他们决策失败的导火索；或者由于“乐观偏见”高估了有利的和令人愉快的结果，未能对竞争对手或风险做出现实的估计。

决策就是做出选择，选择就是放弃。最重要的决策类型之一，便是选择在何时放弃。相对于做出一个开启新计划的决策，退出正在执行的项目更让决策者感到痛苦，因为这可能意味着前期投入的人力、物力、财力都将付诸东流。这是非常令人难过的。赌徒心理的一个显著特点是，赢了还想继续赢下去，输了还想把输掉的赢回来。“沉没成本谬误”会让决策者心有不甘，继续恋战甚至铤而走险，其代价便是越陷越深、战略调整越来越难。

雷德·霍夫曼有句经典名言：“如果你不因自己的初代产品而羞愧，就说明你推出产品的时间太晚了。”决策的真正目的在于采取行动，尽善尽美的想法不如及时果断的行动。决策具有一定的时效性，最令人扼腕叹息的决策是错失了良机，未能及时做出的决策。承担必要的风险对决策者的决策效力和企业成长至关重要，特别是对初创企业来说，站对风口、迅速决策，关乎企业的生死存亡。当你试图在决策中去除偏见时，不要把勇气和果断也一起清除。决策总是有风险的，保证决策 100% 正确的途径只有一条：不做任何决策。

最大的挑战在于，如何保持一种明智的平衡。既要杀伐决断，雷厉风行，以免错失良机，又要战战兢兢，不会因急躁冒进而造成让人悔之不及的糟糕后果。决策者可以通过表 5-1 的“风险评估矩阵”来评估风险发生的可能性及造成的影响，并以恰当的应对方式来决定下一步的行动。

表 5-1　风险评估矩阵

	风险发生的可能性	风险造成的影响	应对方式
情境 1	高	大	取消
情境 2	高	小	配套
情境 3	低	大	应急
情境 4	低	小	实施

- 情境 1

如果风险发生的可能性较高，风险造成的影响较大，那么“取消”相关的应对方案或行动是比较明智的选择。

- 情境 2

如果风险发生的可能性较高，但风险造成的影响较小，那么可以考虑继续行动，但必须做好“配套”措施和准备，以应对极有可能发生的风险。

- 情境 3

如果风险发生的可能性较低，但一旦发生所造成的影响较大，那么仍然可以继续行动，但必须做好“应急”方案，以应对突发情况。

- 情境 4

如果风险发生的可能性较低，风险造成的影响也较小，就可以充满信心地“实施”既定的方案或行动了。

在外部环境极其不确定的情况下开展一项前所未有的工作时，如何在投入巨大成本之前，迅速调整决策方向，建立可持续的业务，无论是对初创公司还是成熟企业来说，都是生死攸关的大事。

让我们先来看一下莱特兄弟是如何发明飞机的。莱特兄弟曾经靠经营一家自行车维修店过活，并不富裕，生活也很节俭，因此测试与发明必须在他们可负担的范围之内。那么，他们是怎么做的呢？他们的秘诀便是：首先仔细研究前人的试验数据，提出许多新颖的想法，但并不急于造出一架完整的飞机，而是将设想中的飞机分解成诸多小的组成部分，再着手设计并进行多次小测试，比如大量的风筝和风洞测试，从测试的研究结果中了解情况，并快速做出决定。如果他们在测试中得到了预料外的结果，就会回过头来检查当初的假设。

有效的试错，不求“大而全”，而追求“小而美”。首先，你需要将可能的解决方案拆分为少量的核心假设，并通过既定的流程，以最低的成本来进行验证。然后，如果验证通过了假设，后续再投入更多的资源；如果验证未通过，便停止进一步投入，将损失降到最低，并尽早调整方向。采取循序渐进的方式，快速迭代，不仅可以把握时机、提升速度，而且有助于管控风险、避免错误。

没有人可以在开端就看到结局，更没有人能洞悉一切过程和所有细节。我们能够做到的只是在行动过程中通过不断获取新的信息，快速调整自己的想法与应对措施。在瞬息万变的不确定环境中，这才是我们增强确定性的诀窍，并形成实践与认知的正向循环。

○ 高质量的决策来自“后退一步”

毫无疑问，如果不加以规范，无意识层面的各种偏见就会降低我们的决策质量。

虽然管理学著述的作者们对行为经济学的认识在不断深化，并在推动其应用上做出了许多努力，但是大多数企业领导者在了解如何利用行为经济学的威力上依然存在很多困难。

在正式的企业运营流程中植入一些纠偏策略和方法，可以帮助人们在做出高质量决策的道路上，迈出有益的一步。在决策的过程中，人们可以根据情境选择使用表 5-2 列出的策略中的任何一个，但如果能够采用两种或两种以上的策略，往往会达到事半功倍的效果，使决策取得更大的成功。

表 5-2 决策偏见类型与纠偏策略与技巧

<table>
<tr><th colspan="2">纠偏策略与技巧</th><th>对应的决策偏见类型</th></tr>
<tr><td>一个中心</td><td>以“流程”为中心</td><td>安全性偏见
政治性偏见
便利性偏见
经验性偏见
距离性偏见</td></tr>
<tr><td rowspan="2">策略一：以小拔大</td><td>技巧 1：巧用助推</td><td>便利性偏见</td></tr>
<tr><td>技巧 2：检查清单</td><td>便利性偏见
经验性偏见</td></tr>
<tr><td rowspan="2">策略二：以偏概全</td><td>技巧 3：法庭辩论</td><td>安全性偏见
政治性偏见
便利性偏见
经验性偏见
距离性偏见</td></tr>
<tr><td>技巧 4：反过来想</td><td>安全性偏见
政治性偏见
便利性偏见
经验性偏见
距离性偏见</td></tr>
<tr><td rowspan="2">策略三：后入为主</td><td>技巧 5：盲听盲选</td><td>政治性偏见
便利性偏见</td></tr>
<tr><td>技巧 6：事后表态</td><td>政治性偏见
便利性偏见
经验性偏见</td></tr>
</table>

（续表）

<table>
<tr><th colspan="2">纠偏策略与技巧</th><th>对应的决策偏见类型</th></tr>
<tr><td rowspan="2">策略四：
旁观者清</td><td>技巧 7：互审程序</td><td>安全性偏见
政治性偏见
便利性偏见
经验性偏见
距离性偏见</td></tr>
<tr><td>技巧 8：有效试错</td><td>安全性偏见
经验性偏见
距离性偏见</td></tr>
</table>

在打破偏见的理论和实践上还有待更多的研究和开发。世界各地的神经科学家们正在深入探究大脑偏见的运作机制。与过往相比，我们现在更加懂得如何善用偏见，虽然消除偏见极为困难，但却是可能的。全球的很多大公司都在如何减少不利的偏见上投入了很多时间和精力，因为他们懂得这不仅对决策、创新、绩效都至关重要，甚至能够帮助组织重新定义获胜的意义——不仅是做出高质量的决策，更重要的是获得组织成员的归属感和信任度。因此，明智的决策者要注意以下几点。

- 承认人人都有偏见

做出快速而高效的决策，是人类的普遍倾向。虽然，你可以利用心理学来认识大部分存在于别人身上的认知偏见，但是最大的挑战在于承认和识别自己的认知偏见。如果你认为别人比自己更有偏见的话，那么这可能是个信号——你比你意识到的更有偏见。

- 识别自己经常持有的偏见

你很难管理偏见，特别在进行决定的那一刻。你需要尽可能找出自己经常持有的认知偏见，并对它们“了如指掌”。在一个组织中，不妨召开针对关键业务流程的“偏见识别会议”，有意识地识别出在哪些决策情境下，人们最需要深思熟虑。

- 不要给自己做出无意识决定的机会

首先从“流程”的角度，而非从“人”的角度，来去除偏见。你需要提前设计应对偏见的流程，并将流程嵌入到业务运营过程之中。通过建立必要的机制，降低偏见发生的可能性。

- 营造“去除偏见”的文化

去除偏见，光靠个人是远远不够的，你必须建立一种多样性和独立性的文化。由于“自我为中心”是大脑的默认设置，人们时常会陷入经验与认知的误区，因此，需要“退一步”寻求从更广阔和更多样的视角和看法。

任何工具或技巧本身并不能提升决策的质量，明智的决策者相信自己不仅仅是最终的决策者，更是纪律严明的决策流程的组织者和开放安全的团队氛围的维护者。决策者必须在整个组织中创造一种文化——任何人对任何事情都可以提出疑问。在这种文化中，人们常常会陷入一种信念——他们的经验和对现实世界的感知是唯一的客观事实，然而，高质量的决策却来自后退一步，需要人们去寻找更广泛的视角和更多不同的观点。

知行合一

- 当前的某个关键的业务流程中，存在哪些可能的决策天敌？
- 对此项业务流程中可能存在的决策偏见，你需要采取哪些纠偏行动？
- 面对重大的决策机会，哪些纠偏策略和方法，会帮助你避免跌入决策的误区？

参考文献

[1] Mechanics, P. (2006). Debunking 9/11 myths: why conspiracy theories can't stand up to the facts. Hearst.

[2] 宫振玉 . 善战者说：孙子兵法与取胜法则十二讲 . 北京：中信出版社，2020.

[3] Carreyrou, J. (2018). Bad blood: secrets and lies in a silicon valley startup. Picador.

[4] Macmillan, M. (2000). Commemorating the 150th anniversary of Phineas Gage's accident. J Hist Neurosci. 9(1):90–93.

[5] Macmillan, M. (1996). Phineas Gage's contribution to brain surgery. J Hist Neurosci. 5(1):56–77.

[6] Galef, J. (2020). The scout mindset: why some people see things clearly and others don't. Portfolio.